AI와 사이버 보안

AI문고

인공지능 시대입니다. 기계가 인간의 인지를 대신하고, 사물이 인간을 통하지 않고 다른 사물과 직접 커뮤니케이션합니다. 이에 따른 인간 삶과 문명 변화를 정확히 이해·예측·대응하는 것은 이 시대 우리 모두의 과제입니다. AI문고는 인공지능 기술과 환경의 여러 주제를 10가지 키워드로 정리합니다. 관련 개념과 이론, 학계와 산업계의 쟁점, 우리 일상의 변화를 다룹니다. 인간과 기술의 현재, 미래를 세심히 분석합니다.

일러두기

- 인명, 작품명, 저서명, 개념어 등은 한글과 함께 괄호 안에 해당 국가의 원어를 병기했습니다.
- 외래어 표기는 현행 어문규정의 외래어표기법을 따랐습니다. 다만 '딥페이크', '딥러닝' 등은 관행을 따랐습니다.

처음이세요?

전문가세요?

AI와 사이버 보안

이승은

대한민국, 서울, 커뮤니케이션북스, 2025

AI와 사이버 보안

지은이 이승은
펴낸이 박영률

초판 1쇄 펴낸날 2025년 6월 30일

커뮤니케이션북스(주)
출판 등록 2007년 8월 17일 제313-2007-000166호
02880 서울시 성북구 성북로 5-11
전화(02) 7474 001, 팩스(02) 736 5047
commbooks@commbooks.com
www.commbooks.com

ISBN 979-11-430-0565-6 03500

책값은 뒤표지에 표시되어 있습니다.

차례

AI 시대의 사이버 안보, 사이버 보안, 사이버 범죄

AI 시대에 사이버 안보와 사이버 보안은 새로운 도전과 기회를 마주하고 있다. AI 기술을 악용한 사이버 범죄는 점점 더 정교해지고 있으며, 이에 대응하기 위해서는 AI 기반의 보안 설루션과 예방 방안이 필요하다. 이와 동시에 AI 기술을 활용해 사이버 위협을 예측하고 방어하는 시스템을 구축함으로써 보다 안전한 디지털 환경을 조성할 수 있다.

사이버 보안(cybersecurity)과 사이버 안보(cyber-security 또는 cyber defense)는 영어권에서는 종종 구분 없이 사용되며, 한국어에서도 두 용어가 혼용되는 경우가 많다. 그러나 한국어 문맥에서는 이들 용어가 사용되는 맥락에 따라 서로 다른 의미를 지칭하는 경우도 존재한다. 이에 이 책에서는 두 용어를 혼용하되, 문맥에 가장 적절한 어휘를 선택해 사용하고자 한다.

사이버 보안은 정보시스템의 기밀성, 무결성, 가용성을 유지하기 위한 기술적 · 관리적 조치에 초점을 둔다.

이는 개인, 기업, 조직의 데이터 및 네트워크를 해킹, 악성 코드, 내부자 위협 등으로부터 보호하는 것을 목적으로 한다. 반면 사이버 안보는 보다 광의적인 개념으로, 국가의 전략적 자산과 사회 기반 시설에 대한 사이버 위협으로부터의 방어를 의미한다. 사이버 안보는 사이버전(cyber warfare), 사이버 테러, 정보전(information warfare) 등 정치적·군사적 차원의 위협에 대응하며, 국가 안보 정책의 일환으로 간주된다. 이처럼 사이버 보안이 주로 기술적 대응과 정보 보호 중심이라면, 사이버 안보는 국가 전략과 국제적 협력 체계를 포함하는 거시적·정책적 차원의 대응으로 이해할 수 있다.

사이버 범죄에 대한 정의

사이버 범죄에 대한 정의는 학자마다 다소 차이가 있지만, 우리나라 경찰청 통계에서는 이를 크게 세 가지 유형으로 구분하고 있다. 첫째, '정보통신망 침해 범죄'는 시스템에 불법적으로 침입해 데이터를 훼손하거나 변조하는 행위다. 둘째, '정보통신망 이용 범죄'는 온라인을 매개로 이루어지는 각종 사기, 명예훼손, 협박 등의 범죄를 포함한다. 셋째, '불법 콘텐츠 범죄'는 음란물, 불법 도박물 등의 콘텐츠를 유포하거나 거래하는 범죄로 분류된다(통계청, 2024).

AI 시대를 맞이한 오늘날, 사이버 안보와 사이버 보안은 전례 없는 도전과 새로운 기회를 마주하고 있다. 특히 AI 기술을 악용한 사이버 범죄는 점점 더 정교하고 은밀한 방식으로 진화하고 있으며, 이에 효과적으로 대응하기 위해서는 AI 기반 보안 설루션과 예방 시스템의 도입이 필수적이다. 이와 동시에 AI를 활용해 사이버 위협을 사전에 예측하고 능동적으로 방어할 수 있는 체계를 구축함으로써, 보다 안전하고 신뢰할 수 있는 디지털 환경을 조성할 수 있을 것이다.

AI 시대, 사이버 보안과 사이버 안보의 전환점

AI 시대에 접어들면서 사이버 보안과 사이버 안보는 그 어느 때보다도 중대한 전환점을 맞이하고 있다. 전 세계적으로 이들 분야의 중요성이 급격히 부각되는 가운데, AI 기술은 특히 사이버 보안 영역에서 위협 탐지, 이상행위 분석, 대응 체계 구축 등 다양한 측면에서 핵심적인 역할을 수행하며 주목받고 있다. 이에 따라 많은 국가들은 자국의 사이버 안보 전략을 수립하고 있으며(김민진, 2021), AI 기술의 도입을 통해 기존 보안 체계를 강화하고, 잠재적 위협을 사전에 감지하는 새로운 기회를 모색하고 있다.

그러나 이러한 기술은 양면성을 지닌다. AI가 악의적으로 활용될 경우, 기존의 방어 체계를 우회하는 전례 없는 수준의 정교하고 교묘한 사이버 범죄 및 공격을 야기할 수 있다. 특히 딥페이크 영상 생성 및 유포, 자동화된 피싱 공격, 적응형 악성 코드와 같은 AI 기반 공격 수단은 단시간 내에 막대한 피해를 초래할 수 있으며, 기존 보안 시스템으로는 실시간 대응이 어려운 경우도 많다. 이러한 현실은 사이버 보안 및 안보 전략 수립 시, AI의 활용 가능성과 위험성을 동시에 고려한 균형 잡힌 접근이 요구됨을 시사한다.

과학기술정보통신부와 한국인터넷진흥원에 따르면 2025년 사이버 위협은 다음과 같은 네 가지 주요 흐름으로 구분된다. 첫째, 생성형 AI의 악용 본격화다. 생성형 AI가 사이버 범죄에 본격적으로 악용될 가능성이 증가하고 있다. 공격자들은 AI를 이용해 피싱 메시지, 악성 코드, 가짜 영상 등 정교한 콘텐츠를 자동 생성하고 있으며, 이는 기존 보안 체계로 탐지하기 어려운 위협으로 작용한다. 기업은 생성형 AI를 안전하게 활용하기 위해 보안 내재화 및 지속적인 보안 모니터링 체계를 마련해야 한다. 생성형 AI 기반의 가짜뉴스 및 조작된 게시물을 통한 여론 왜곡과 사회적 갈등 유발 가능성도 함께 우려되고 있다.

둘째, 디지털 융복합 시스템을 겨냥한 사이버 공격 증가다. 스마트팜, 스마트축산, 스마트시티 등 디지털 융복합 인프라가 확대되면서 이를 겨냥한 사이버 공격이 늘어날 것으로 예상된다. 특히 5G 특화망의 보편화는 새로운 공격 표면을 제공할 수 있다. 공격 표면 관리(Attack Surface Management, ASM)를 정기적으로 실시해 보안 취약점을 제거하고, 사물인터넷(Internet of Things, IoT) 기기 보안을 강화하는 것이 중요하다.

셋째, 글로벌 환경의 변화에 따른 사이버 위협이 더욱 고조될 것으로 예상된다. 특히 국제 정세의 불안정성과 갈등 심화는 사이버 위협을 한층 더 복잡하게 만들 것으로 전망된다. 예컨대 미국 트럼프 대통령의 집권과 이에 따른 자국 우선주의 및 가상 화폐(virtual currency) 친화 정책은 글로벌 경제 · 사이버 질서의 불확실성을 키울 수 있다. 또한 국가 배후 공격 그룹과 핵티비스트(hack-tivist)들의 활동이 더욱 활발해질 것으로 예상되며, 이에 대응하기 위해 국가안보실을 중심으로 한 민 · 관 · 군 통합 대응 체계 강화가 요구된다.

넷째, 무차별 DDoS 공격의 증가다. 핵티비스트나 사이버 범죄 조직에 의한 목적 불문의 무차별 DDoS 공격이 증가할 것으로 보인다. 특히 보안에 취약한 라우터 장비를 악용한 봇넷(botnet) 구축 가능성이 제기되고 있다. 한국인터넷진흥원의 'DDoS 사이버대피소'와 같은 지원 체계를 통해, 중소기업의 사이버 대응 역량을 강화하는 방안이 필요하다(과학기술정보통신부 · 한국인터넷진흥원, 2024).

안랩은 2025년 주목해야 할 "5대 사이버 보안 위협 전망"을 발표하며, AI의 확산으로 공격 수법이 한층 고도화될 것이라고 경고했다. 주요 위협으로는 AI 기반 공격의 확산, SW 공급망 공격 증가, 클라우드 및 IoT 확장에 따른 공격 표면의 확대, 적대 세력의 사이버전과 핵티비스트 활동의 격화, 자가 전파형 랜섬웨어 '크립토웜' 등의 진화된 공격 방식이 제시되었다. 특히 생성형 AI를 활용한 사회공학적 해킹, 가짜 투자 플랫폼 및 영상 기반 사기 등은 더욱 정교한 위협으로 발전하고 있다(안랩, 2024).

AI 기술의 고도화와 클라우드, IoT의 확산은 2025년 사이버 보안 환경을 더욱 복잡하고 예측하기 어려운 양상으로 변화시킬 것으로 전망된다. 이러한 변화 속에서 조직과 개인 모두는 보안 위협에 단순히 대응하는 수준을 넘어 사전 예방과 위협 인식을 중심으로 한 능동적 보안 태세를 갖추어야 한다. 보안은 더 이상 특정 부서나 전문가의 책임이 아니라 일상 속에서 누구나 실천해야 할 기본적인 디지털 생존 전략으로 자리 잡고 있다.

AI와 사이버 보안의 미래: 위협과 가능성

최근 AI를 악용한 사이버 공격 사례는 점점 더 증가하고 있다. AI 기반의 딥페이크를 활용한 사기, 자동화된 피싱 공격, 스스로 진화하는 악성 코드 등은 기존의 보안 체계를 쉽게 무력화하며, 정형화된 대응만으로는 막기 어려운 수준에 이르렀다. 이러한 현실은 AI 기반 보안 설루션의 개발과 적용이 필수적이라는 점을 강하게 시사한다.

이와 동시에 AI는 방어적 측면에서도 강력한 도구가 될 수 있다. 예를 들어 기계학습 알고리즘을 통해 네트워크상의 이상 행위를 실시간으로 탐지하고, 잠재적인 침해 시도를 조기에 차단할 수 있다. 또한 대규모 로그 데이터를 자동 분석함으로써 공격 패턴을 예측하고, 위협 인텔리전스(threat intelligence)를 자동화해 보다 신속하고 정확한 대응을 가능하게 만든다.

그뿐 아니라 AI는 사이버 보안 인력 부족 문제를 해결하는 데에도 중요한 역할을 한다. AI가 반복적이고 방대한 분석 업무를 대신해 보안 전문가들이 더 전략적인 업무에 집중할 수 있게 되며, 이는 보안 체계 전반의 효율성과 탄력성을 향상하는 데 기여한다.

결국 AI 시대의 사이버 보안은 단순한 기술적 과제를 넘어 정책, 윤리, 교육이 함께 고려되어야 하는 복합적 과제다. 정부, 기업, 학교 등 모든 사회 구성원은 AI와 사이버 보안에 대한 이해를 높이고, 개인 수준에서도 보안에 대한 실천과 경각심을 일상화해야 한다(Choi et al., 2020).

AI 기술의 잠재력을 올바르게 활용하기 위해서는 기술적 대응뿐 아니라 법적 · 제도적 장치 마련과 함께 윤리적 기준 정립, 보안 전문 인력의 양성이 병행되어야 한다. 이처럼 AI는 사이버 안보에 '양날의 검'과 같은 존재이지만, 어떻게 다루고 활용하느냐에 따라 보다 안전하고 신뢰할 수 있는 디지털 사회를 구현할 수 있는 핵심 열쇠가 될 것이다.

이 책의 구성

이 책은 AI 시대에 등장하는 사이버 범죄와 사이버 보안, 사이버 안보의 동향을 살펴보고, 이에 대한 대응 방안을 탐색하기 위해 집필되었다. 저자는 미국 대학에서 관련

연구를 수행하고 학생들을 가르친 경험을 바탕으로, 빠르게 변화하는 사이버 환경 속에서의 성찰과 통찰을 이 책에 담았다. 오늘날 사이버 공간에서 벌어지는 범죄, 보안, 안보 문제는 더 이상 특정 집단만의 관심사가 아니다. 이는 모든 사회 구성원이 함께 인식하고 대응해야 할 보편적인 이슈로 자리 잡고 있다.

우리는 일상적으로 인터넷과 디지털 기기를 사용하며, 디지털 환경과 끊임없이 상호작용하는 삶을 살아가고 있다. 앞으로는 이러한 흐름이 더욱 가속화되어 AI를 중심으로 한 디지털 기술이 개인의 삶은 물론 사회 전반에 걸쳐 막대한 영향을 미치는 시대가 도래할 것이다. 그에 따라 사이버 범죄의 양상도 점점 정교하고 지능화되고 있으며, AI 기술을 악용한 사이버 공격은 현실적인 위협으로 부상하고 있다.

이제 사이버 보안과 윤리에 대한 이해는 선택이 아닌 필수다. 사이버 범죄를 예방하기 위한 기본 소양과 AI 기반 공격에 대응할 수 있는 역량은 개인과 조직 모두에게 요구되는 핵심 능력이다. 특히 모든 사회 구성원이 디지털 환경에서 책임 있는 행동을 실천하고, 잠재적인 위험을 인식하는 능력을 갖추는 것은 단순한 기술적 대응을 넘어 지속 가능한 디지털 사회를 위한 윤리적 기반이다.

따라서 사이버 보안과 AI 윤리 교육은 특정 직업군이나 연령대에 국한된 전문 지식이 아니라, 모든 국민이 갖추어야 할 보편적인 역량으로 확대되어야 한다. 이 책이 사이버 위협이 일상화된 시대를 살아가는 모든 이에게 경각심을 일깨우고, 보다 안전하고 책임감 있는 디지털 사회로 나아가기 위한 하나의 지침이 되기를 기대한다.

각 장 소개

각 장은 AI 기술과 사이버 안보, 사이버 보안의 교차점에서 벌어지는 현상과 과제를 다각도로 조망하며, 미래 사회를 위한 대응 전략을 제안한다.

1장은 "사이버 보안과 사이버 범죄의 현재"로, AI 기술이 급속도로 확산하면서 새롭게 등장하는 사이버 범죄 유형과 이에 대응하는 사이버 보안, 사이버 안보 전략의 필요성을 조망한다.

2장은 "AI 기반 사이버 범죄 행위"로, 생성형 AI, 자동화 도구 등을 활용해 사이버 공격을 수행하는 공격자들의 행태와 기술적 수단을 분석한다.

3장은 "AI 기반 사이버 범죄의 사회적 영향"으로, AI 시대에 피해자가 되는 주요 경로와 유형, 심리적 · 사회적 영향을 조명하며, 새로운 피해 양상을 살펴본다.

4장은 "수사기관의 사이버 범죄 대응 및 AI 활용"으로, AI 활용 범죄 수사에 직면한 수사기관의 역할 변화와 기술적 · 제도적 대응 방안을 탐색한다.

5장은 "AI 기반 악성 코드 및 실시간 공격 탐지 기술"로, AI를 활용해 고도화된 악성 코드 및 실시간 침입을 탐지하고 대응하는 기술과 시스템을 살펴본다.

6장은 "AI 및 딥페이크 기반 로맨스 스캠의 진화"로, AI와 딥페이크 기술이 결합된 로맨스 스캠의 새로운 방식 그리고 예방 전략을 다룬다.

7장은 "AI, 블록체인, 가상 화폐를 활용한 사이버 범죄"로, AI와 블록체인 기술, 가상 화폐가 서로 교차하며 만들어 내는 새로운 보안 · 범죄 환경을 분석한다.

8장은 "AI와 사이버 보안 전문가"로, AI가 도입되면서 변화하는 보안 전문가의 역할과 필요한 역량 그리고 전문 인재 양성의 필요성을 제시한다.

9장은 "AI 기반 사이버 보안 교육"으로, AI를 활용한 맞춤형 보안 교육과 실전형 훈련 시스템의 사례와 효과를 통해 미래 교육의 방향을 제시한다.

10장은 "AI와 사이버 보안 윤리"로, AI 시대의 급변하는 기술 환경 속에서 사이버 보안 윤리의 기준과 쟁점을 재조명하고, 사이버 윤리와 관련된 향후 과제를 탐색한다.

참고문헌

과학기술정보통신부·한국인터넷진흥원(2024). "2024년 사이버위협 사례 분석과 2025년 사이버위협 전망".

김민진(2021). "인공지능: 사이버보안 패러다임의 전환". 정보통신정책연구원.

김소현(2024.11.25). "2025년 주목할 보안 이슈로 '사회공학적 해킹'·'랜섬웨어 고도화'". ITBizNews. https://www.itbiznews.com/news/articleView.html?idxno=152949

안랩(2024.11.25). "안랩, '2025년 5대 사이버 보안 위협 전망' 발표". https://company.ahnlab.com/kr/news/press_release_view.do?seqPressRelease=9386#:~:text=%EC%95%88%EB%9E%A9%EC%9D%80%202025%EB%85%84%20%EC%A3%BC%EB%AA%A9,%EA%B3%B5%EA%B2%A9%20%EA%B3%A0%EB%8F%84%ED%99%94%EB%A5%BC%20%EC%84%A0%EC%A0%95%ED%96%88%EB%8B%A4

통계청(2024). "사이버범죄 발생 및 검거". https://www.index.go.kr/unity/potal/main/EachDtlPageDetail.do?idx_cd=1608

Choi, K.-S. et al.(2020). Historical Evolutions of Cybercrime: From Computer Crime to Cybercrime. In Holt, T. J. & Bossler, A.(eds.). *The Palgrave Handbook of International Cybercrime and Cyberdeviance*, pp.27-43. New York: Palgrave Macmillan.

01
사이버 보안과 사이버 범죄의 현재

AI와 생성형 AI의 급속한 발전은 다양한 사이버 범죄의 발생을 가속화하며, 이에 따라 사이버 보안과 안보의 중요성도 크게 부각되고 있다. AI 생태계 내에서 다양한 행위자들이 기존 및 신종 사이버 범죄 유형을 분석하고, 이를 바탕으로 예측 및 예방 중심의 대응 방안을 모색할 필요가 있다. 특히 사이버 보안 및 안보는 이제 국가 안보의 핵심 요소로 간주되며, 국가 기관과 주요 인프라를 보호하기 위한 체계적인 사이버 위협 대응과 국가 차원의 보안 전략 수립이 필수적인 과제로 떠오르고 있다.

AI와 1인 창업?

사이버 활용 범죄와 사이버 의존 범죄

사이버 범죄에 대한 정의는 학자마다 다소 다르나, 사이버 범죄는 크게 두 가지 범주로 분류된다. 첫째, 사이버 활용 범죄(cyber-assisted crime)는 인터넷이나 디지털 기술이 범죄의 수단으로 활용되긴 하지만, 이전에 기술 없이도 존재하던 범죄다. 온라인을 통한 사기, 사이버 스토킹, 온라인 마약 거래 등이 이에 해당한다. 둘째, 사이버 의존 범죄(cyber-dependent crime)는 인터넷, 컴퓨터 시스템, 디지털 기술 없이는 발생할 수 없는 범죄다. 해킹, 랜섬웨어 공격, DDoS 공격 등이 이에 해당한다(Choi et al., 2020).

AI 생태계 내 사이버 안보: 진화하는 위협과 대응 전략

AI의 급속한 발전은 다양한 산업 분야에 혁신을 가져왔지만, 동시에 사이버 안보에 대한 새로운 과제를 제기하고 있다. 특히 AI 생태계 내에서는 알고리즘, 데이터, 모델, 인프라 등 다양한 요소들이 상호작용하며 복잡한 보안 위협의 표적이 되고 있다. 이에 따라 기업, 정부, 연구기관 등 AI 생태계의 다양한 행위자들은 이러한 사이버 위협에 효과적으로 대응하기 위한 예측 및 예방 방안을 지속적으로 모색하고 있다.

우선 AI 기술을 활용한 기존 사이버 범죄의 고도화가 주목된다. 예를 들어 기존의 피싱 공격은 AI 기반 자연어 처리(Natural Language Processing, NLP) 기술을 통해 더욱 정교해졌으며, 피해자의 언어 습관과 행동 패턴을 분석해 더욱 개인화된 공격이 가능해졌다. 또한 AI는 악성 코드 생성에도 활용되어 기존 보안 설루션을 우회하는 고도화된 공격 수단으로 등장하고 있다.

실제로 AI를 악용한 사이버 공격 사례는 점차 증가하고 있다. 예를 들어 AI 기반 딥페이크 기술을 이용한 사기, 자동화된 피싱 공격, 적응형 악성 코드 등은 보안 시스템을 우회하며 비교적 짧은 시간 내에 커다란 피해를 일으킬 수 있다.

더 나아가 AI 생태계에서는 신종 사이버 범죄 유형도 나타나고 있다. 대표적인 예는 '모델 도용(model stealing)'과 '데이터 중독(data poisoning)'이다. 전자는 AI 모델 자체를 외부에서 복제하거나 훔쳐 가는 방식이며, 후자는 학습 데이터에 악의적인 정보를 주입함으로써 AI 모델의 판단 능력을 왜곡하는 공격 방식이다. 이러한 공격은 AI 서비스의 신뢰성과 성능을 심각하게 훼손할 수 있어 보다 정교한 보안 시스템이 요구된다.

또한 AI 생태계의 투명성과 책임성 확보도 사이버 보안의 중요한 축이다. AI 모델이 어떻게 결정을 내리는지, 어떤 데이터에 기반해 학습했는지에 대한 추적 가능성과 설명 가능성이 보안 측면에서도 중요해지고 있다. 이에 따라 '설명 가능한 AI(Explainable AI, XAI)' 기술이 보안 분야에서도 활발히 연구되고 있으며, 규제 기관 또한 관련 가이드라인과 법적 기준 마련에 나서고 있다.

AI 생태계에서의 사이버 보안과 사이버 안보는 기술적 접근만으로는 한계가 있으며, 다학제적 협력과 국제적 공조가 필수적이다. 보안 전문가, AI 개발자, 윤리학자, 정책 입안자 등 다양한 주체들이 참여해 지속적으로 위험을 진단하고, 실질적이고 실천 가능한 대응책을 마련해야 한다. AI 기술의 확산 속도에 맞춰 보안 정책과 기술도 동반 진화하지 않는다면, AI 생태계 전체가 잠재적 위협에 노출될 수 있다.

AI는 우리 사회를 더욱 효율적이고 편리하게 만들 수 있는 강력한 도구지만, 그 생태계가 안전하게 유지되기 위해서는 철저한 사이버 보안 전략이 기반이 되어야 한다.

국가 안보로서의 사이버 안보

사이버 안보는 이제 단순한 기술적 문제를 넘어 국가 안보의 핵심 요소로 자리 잡고 있다. 정보통신 기술이 모든 국가 기능의 기반이 된 오늘날, 사이버 위협은 군사, 경제, 사회, 외교 등 전 분야에 심각한 영향을 미칠 수 있는 비대칭적 위협 수단으로 간주된다. 이에 따라 각국 정부는 사이버 공간을 물리적 영토와 마찬가지로 방어해야 할 전략적 영역으로 인식하고, 사이버 위협에 대응하기 위한 국가 차원의 보안 전략을 수립 · 강화하고 있다.

핵심 기반 시설 사이버 공격 사례

정부 기관, 군사 시설, 전력 · 수도 · 교통 등의 핵심 기반 시설(critical infrastructure)은 사이버 공격의 주요 표적이 되며, 이들에 대한 침해는 국가 기능의 마비로 이어질 수 있다. 예를 들어 정전 사태를 유발하거나, 금융 시스템을 마비시키거나, 사회 혼란을 유도하는 디지털 공격은 물리적 전쟁 없이도 국가를 위협할 수 있는 수단으로 악용될 수 있다.

2014년 인도 안드라프라데시주의 한 화학 공장에서는 해커가 프로그램 가능 논리 제어기(Programmable Logic Controller, PLC) 장비의 비밀번호를 탈취해 유독

화학물질을 유출시키는 사고가 발생했고, 이로 인해 근로자 6명이 사망하고 약 1000명의 주민이 부상을 입는 참사가 벌어졌다. 이후에도 유사한 보안 취약점을 노린 공격은 계속되었다. 2015년에는 러시아 해커들이 우크라이나의 전력망을 공격해 대규모 정전 사태를 일으켰고, 2020년에는 이란 해커들이 이스라엘의 수처리 시설을 대상으로 공격을 감행했다. 2021년에는 미국의 콜로니얼 파이프라인(Colonial Pipeline)이 사이버 공격으로 마비되면서 연료 공급에 큰 차질을 빚었다. 이들 모두는 제조 운영 기술(Operational Technology, OT) 영역에서 PLC 장비의 비밀번호 탈취를 주요 수단으로 사용한 사례로, 국가 기반 시설을 겨냥한 사이버 공격이 실제적인 물리적 피해로 이어질 수 있음을 보여 준다. 이러한 공격은 단순한 시스템 장애를 넘어 사회적 혼란과 인명 피해로 확산되며, OT 보안의 중요성과 함께 선제적 대응의 필요성을 강하게 시사하고 있다(유창훈, 2024).

전기통신 및 통신 네트워크의 안전성과 신뢰성 확보는 국가 기능의 유지와 국민의 일상생활에 필수적인 요소다. 현대 사회의 모든 정보통신 시스템은 디지털 기술에 기반하고 있으며, 아날로그 방식만으로 운영되는 시스템은 사실상 전무하기 때문에 이러한 시스템의 안전성 보장은 국가 안보의 최우선 과제로 간주된다. 특히 위기 상황이나 전쟁 시 통신 인프라를 선점하는 것은 전쟁의 주도권을 좌우할 수 있는 핵심 전략이 될 수 있다(김소정, 2022).

실제로 러시아는 주변국을 침공할 때 물리적 공격에 앞서 사이버 공격을 먼저 감행하거나, 주요 기반 시설을 직접 타격하는 전략을 사용해 왔다. 주요 기반 시설과 제어 시스템은 국민에게 필수 서비스를 제공하는 역할을 하므로, 이들에 대한 사이버 공격은 곧바로 물리적 피해로 이어질 수 있다. 예를 들어 전력망을 겨냥한 공격은 대규모 정전을 유발하며, 이는 의료, 교통 등 다른 핵심 시스템의 마비로 이어져 이차적 피해를 초래할 수 있다. 2022년 러시아는 우크라이나 침공에 앞서 주요 정보통신 기반 시설을 대상으로 사이버 공격을 시도했다. 그와 동시에 러시아는 인터넷 접근을 차단하고 인터넷 서비스를 무력화해 대국민 여론전과 심리전을 전개하고 피해국 국민들의 정보 접근을 통제하는 방식으로 효과적인 선전 및 정보전을 수행하기도 했다(김소정, 2022).

국가 대상 사이버 공격

사이버 공격이 자주 활용되는 이유는 크게 세 가지로 요약된다. 첫째, 물리적 공격에 준하는 효과를 훨씬 더 낮은 비용으로 단시간에 달성할 수 있다는 '가성비' 때문이다. 이에 사이버 공격은 상대 국가를 위험에 빠뜨리고 압박하는 수단으로 점점 더 활용되고 있다.

둘째, 공격 주체를 명확히 식별하기 어려운 특성도 사이버 공격의 빈도를 높이는 요인이다. 은닉과 위장 기술이 지속적으로 발전하고 있고, 사이버 공간에서는 명백한 증거 확보가 어렵기 때문에 공격의 책임 소재를 특정하는 데 한계가 있다.

셋째, 사이버 공격 도구의 접근성과 사용 용이성도 중요한 요인이다. 사이버 공격 도구나 제로데이 취약점 등을 블랙마켓을 통해 누구나 손쉽게 구입할 수 있으며, 특별한 전문 기술 없이도 공격이 가능한 상황이다. 최근 빅테크 기업들의 인력 감축이 고급 기술 인력의 해커 유입으로 이어질 수 있다.

국가 기반 시설 보호를 위한 대응 방안으로 민간 사업자가 보유한 기술과 역량을 사이버 공격 탐지 및 방어에 활용할 수 있도록 법적 · 제도적 장치가 마련돼야 한다. 또한 분야별 사이버 위협을 분석하고 대응할 수 있는 전담 조직의 신설, 기반 시설 운영 조직에 대한 재정적 · 기술적 · 인력적 지원 강화, 민간 기반 시설 운영기관의 참여 확대, 글로벌 수준의 기반 시설 지정 및 관리 규범 마련 등 종합적 대응 전략이 필요하다.

국가 차원의 사이버 안보 전략

우리나라에서는 북한의 사이버 부대가 주도한 일련의 사이버 공격 사례를 계기로 사이버 안보에 대한 국가적 대응 체계가 강화되었다. 국가정보원은 국가사이버안전센터를 중심으로 정부 부처 및 공공기관의 보안 상황을 실시간으로 모니터링하고 있으며, 사이버 위기 경보 체계, 침해 사고 대응 매뉴얼, 모의 훈련 체계를 통해 선제적 방어력을 구축하고 있다. 또한 과학기술정보통신부와 국방부도 각각 민간과 군 영역의 사이버 보안 전략을 수립하고 협업 체계를 확대하고 있다.

국가 차원의 사이버 안보 전략은 다음과 같은 핵심 요소를 포함한다. 첫째, 위협 정보 공유 시스템의 통합화다. 이는 공공과 민간, 국방 간 사이버 위협 정보를 실시간 공유할 수 있는 플랫폼을 구축하는 것과 관련된다. 둘째, AI 및 자동화 기술을 활용한 공격 탐지 및 대응 능력 강화다. 셋째, 사이버 인재 양성이다. 전문 보안 인력 확보와 함께 사이버 대응 능력을 높이기 위한 대국민 교육 확대 역시 중요한 이슈다. 넷째, 관련 법 · 제도 정비다.

사이버 범죄, 사이버전, 사이버 테러에 대한 법적 정의와 국제 협력 체계를 마련하는 것이다.

특히 사이버전은 전통적인 무력 충돌을 대체하거나 보완할 수 있는 수단으로 부상하고 있다. 미국, 중국, 러시아, 이스라엘 등 주요 국가들은 이미 사이버 작전 전담 조직을 운영 중이다. 한국도 국방부 내 사이버작전사령부를 통해 관련 역량을 강화하고 있으며, 국제 공조를 확대해 다자간 사이버 보안 규범 형성에도 참여하고 있다.

결국 사이버 안보는 정보 보호를 넘어 국가의 안정성과 주권 수호를 위한 핵심 안보 전략의 일환이 되었다. 향후에는 기술 발전과 함께 더욱 정교한 사이버 공격이 발생할 것이므로, 국가 차원의 체계적 대응과 함께 사회 전반의 보안 문화 확산과 민 · 관 · 군 협력이 더욱 중요해질 것이다.

북한의 사이버 공격이나 러시아-우크라이나 전쟁 사례에서 볼 수 있듯이, 사이버 공격은 전쟁 수단이나 자금 탈취 도구로 악용되며 그 위협이 점차 심화되고 있다. 특히 핵심 기반 시설을 겨냥한 사이버 공격은 단순한 시스템 마비나 사회 혼란을 넘어 생명까지 위협할 수 있는 수준에 이르렀고, 이에 따라 사이버 보안과 안보 위협은 신흥 국가 안보 위협으로 급부상하고 있다(김경애, 2024).

참고문헌

김경애(2024.10.12). "진화하는 사이버 공격, 전 세계 신흥안보로 급부상하다". 보안뉴스. https://www.boannews.com/media/view.asp?idx=133488

김소정(2022). "우크라이나 사이버전 대응사례와 한국의 역량 제고 방안". ≪INSS 전략보고≫, 200. https://www.inss.re.kr/upload/bbs/BBSA05/202212/F20221206133914302.pdf

유창훈(2024.8.11). "[ET단상] 국가 기반 시설 해킹 공격에 사이버 안보 위태롭다". 전자신문. https://www.etnews.com/20240809000156

Choi, K.-S. et al.(2020). Historical Evolutions of Cybercrime: From Computer Crime to Cybercrime. In Holt, T. J. & Bossler, A.(eds.). *The Palgrave Handbook of International Cybercrime and Cyberdeviance*, pp.27-43. New York: Palgrave Macmillan.

02
AI 기반 사이버 범죄 행위

AI 기술을 악용하는 사이버 공격자들은 점점 더 정교하고 치밀한 방식으로 범죄를 실행하고 있다. 이들은 머신러닝과 자연어 처리, 딥페이크 기술 등을 활용해 공격을 자동화하고, 기존 보안 체계를 우회하거나 속이는 방식으로 더욱 치명적인 피해를 유발할 수 있다. 특히 피싱, 사회공학 기법 등이 AI 기술과 결합하면서 기존의 방어 메커니즘만으로는 대응이 어려운 새로운 위협 양상이 나타나고 있다.

AI와 MBTI?

AI를 활용하는 해커

오늘날 AI 기술의 급속한 발전은 해커, 사이버 범죄자들에게도 새로운 기회를 제공하고 있다. 해커들은 AI를 악의적으로 활용해 더욱 정교하고 자동화된 공격을 수행하고 있으며, 이는 기존의 보안 시스템으로는 탐지하고 방어하기 점점 더 어려운 상황을 만들고 있다. 예를 들어 생성형 AI를 이용해 실제와 거의 구별되지 않는 피싱 이메일을 대량으로 자동 생성할 수 있으며, 각 이메일은 수신자의 이름, 업무 맥락, 관심사 등을 기반으로 맞춤화되어 성공률을 크게 높인다.

또한 AI는 시스템의 취약점을 자동으로 스캔하고, 취약한 지점을 식별해 공격을 최적화할 수 있다. 이러한 자동화 도구는 과거에는 고도로 숙련된 해커만이 수행할 수 있는 영역이었지만, AI 기술의 발전은 이러한 작업의 기술적 장벽을 낮추고, 보다 신속하고 손쉽게 구현할 수 있도록 했다. 결과적으로 사이버 공격의 진입 장벽이 낮아지고, 다양한 수준의 행위자들이 공격을 감행할 수 있는 환경이 조성되고 있다. 더 나아가 딥페이크 기술을 활용한 사회공학 공격도 증가하고 있다. 해커들은 특정 인물의 음성이나 얼굴을 모방한 가짜 영상을 만들어 조직 내 다른 구성원을 속여 민감 정보를 탈취하거나 금전적 피해를 유도하기도 한다.

이처럼 AI는 해킹 기술의 진화를 가속화하며, 공격자들이 점점 더 정교하고 현실적인 위협을 가할 수 있게 하고 있다. 이러한 변화는 보안 전문가들에게 AI 기반 공격에 대응하기 위한 새로운 전략과 기술의 개발을 요구하며, 이는 현재 사이버 보안 분야에서 가장 시급한 과제 중 하나로 부상하고 있다.

해커가 AI 시스템을 공격하는 경우

AI 기술이 다양한 산업 분야에 도입되면서 해커들은 이제 AI 시스템 및 모델 자체를 새로운 공격 대상으로 삼고 있다. 이들은 AI 시스템의 핵심인 모델, 학습 데이터, 입력값 등을 노리고 다양한 방식의 공격을 시도하고 있다. 가장 대표적인 방식 중 하나는 모델 탈취 공격(model extraction attack)이다. 이는 외부에서 AI 시스템의 API를 반복적으로 호출하거나 결과를 분석해 내부에 구축된 모델의 구조나 학습 방식을 역추적하는 방식이다. 이를 통해 공격자는 모델을 복제하거나 보안 취약점을 파악해 악용할 수 있다.

또 다른 심각한 위협은 데이터 중독이다. 이는 AI가 학습하는 데이터셋에 악성 데이터를 몰래 주입해, 모델이 왜곡된 판단을 하도록 유도하는 공격 방식이다. 예를 들어 얼굴 인식 시스템의 학습 데이터에 조작된 이미지를 삽입하면 특정 인물의 얼굴이 의도적으로 잘못 인식되게 할 수 있다.

아울러 적대적 샘플 공격(adversarial attack)도 점점 정교해지고 있다. 이는 AI 모델이 실시간으로 처리하는 입력값에 아주 미세한 노이즈를 삽입해, 사람이 보기에는 전혀 문제없지만 AI는 전혀 다른 판단을 하도록 속이는 기술이다. 자율주행 차량의 인공지능이 '정지' 표지판을 인식하지 못하도록 이미지에 특수한 패턴을 삽입하는 방식이 이에 해당한다.

이러한 AI 대상 공격은 단순한 기술적 문제를 넘어 사회적 신뢰성과 안전성에도 심각한 악영향을 미친다. 따라서 AI 보안은 이제 선택이 아닌 필수 요소로 인식되어야 하며, AI 시스템 개발 단계에서부터 보안성 검증과 방어 전략이 함께 설계되어야 한다.

AI를 활용한 보안 방어

AI는 해커들에게 위협적인 도구가 될 수 있지만, 동시에 강력한 방어 수단으로도 활용되고 있다. 오늘날 사이버 보안 분야에서는 AI를 이용해 공격을 조기에 탐지하고,

피해를 최소화하며, 실시간으로 대응하는 기술이 빠르게 발전하고 있다.

가장 대표적인 예는 이상 탐지(anomaly detection) 시스템이다. AI는 정상적인 네트워크 활동과 사용자 행동을 학습한 뒤, 평소와 다른 이상 징후를 자동으로 식별해 경고를 발생시킨다(이국진, 2018). 예를 들어 평소에는 접근하지 않던 서버에 갑자기 접속하거나, 짧은 시간 내에 수많은 로그인 시도가 발생할 경우 이를 즉각적으로 감지해 관리자에게 알릴 수 있다.

또한 AI는 사이버 공격에 대한 자동화된 대응을 가능하게 한다. 기존의 보안 시스템은 탐지 후 수동 대응이 필요했지만, AI는 공격을 실시간으로 식별한 뒤 자동으로 방화벽을 조정하거나 의심되는 연결을 차단하는 등 즉각적인 방어 조치를 취할 수 있다. 이로 인해 대응 속도가 획기적으로 향상되며, 피해 확산을 효과적으로 막을 수 있다.

더 나아가 AI는 위협 인텔리전스를 기반으로 과거의 공격 패턴을 학습하고, 이를 바탕으로 새로운 위협을 예측하는 데에도 활용된다. 수많은 보안 로그와 위협 데이터를 분석해 해커의 전략이나 트렌드를 식별하고, 사전에 취약점을 보완하는 전략을 수립할 수 있다.

이처럼 AI는 사이버 보안의 수동적 방어에서 능동적 예측과 대응 중심의 전략으로 패러다임을 전환하고 있다. 단, AI 시스템 자체가 새로운 공격 표적이 될 수 있기 때문에 보안 체계 설계 시 AI의 신뢰성과 설명 가능성, 그리고 적절한 인간의 개입 또한 반드시 고려되어야 한다.

AI 기술의 윤리적·사회적 쟁점

AI 기술의 발전은 보안의 새로운 지평을 여는 동시에 그 악용 가능성으로 인해 심각한 윤리적 · 사회적 쟁점을 야기하고 있다. 가장 큰 문제는 AI의 이중적 성격이다. 동일한 기술이 사이버 공격 방어에 사용될 수도 있지만, 동시에 악의적 공격 도구로도 쉽게 전환될 수 있다. 이로 인해 기술의 민주적 통제, 책임 주체의 명확화 그리고 국제적 규범 마련의 필요성이 대두되고 있다.

특히 AI 기반 공격 도구의 상용화 및 자동화는 해킹의 장벽을 낮추고 있다. 과거에는 전문적인 기술이 필요했던 해킹 활동이 이제는 누구나 쉽게 사용할 수 있는 AI 도구로 대체되며, '사이버 범죄의 대중화'라는 현상이 나타나고 있다. 이는 범죄 발생 빈도를 높일 뿐 아니라 기존의 법 · 제도 체계로는 대응이 어려운 새로운 문제를 만들고 있다.

프라이버시 침해 문제 역시 심각하다. AI가 수집 · 분석하는 대규모 개인정보가 해커에 의해 유출될 경우 개인의 삶과 명예, 심지어 안전까지 위협받을 수 있다. 딥페이크 기술을 이용한 가짜 뉴스나 허위 영상의 유포는 사람들의 신뢰 기반을 무너뜨리고, 여론 조작 및 명예훼손 등의 범죄로 이어질 수 있다.

이러한 상황에서 'AI 기술 개발자는 어디까지 책임져야 하는가?', 'AI를 악용한 범죄의 책임은 사용자에게만 있는가, 아니면 기술 제공자에게도 있는가?', 'AI로 인한 피해를 예방하기 위해, 사회는 어느 수준까지 기술을 통제할 수 있는가?' 등 중요한 윤리적 질문이 제기된다.

이처럼 AI와 사이버 보안이 만나는 지점은 기술적 문제를 넘어 사회 전체의 규범, 신뢰, 법적 책임 구조의 재정립을 요구하고 있다. 단순한 기술 개발을 넘어 윤리적 성찰과 정책적 대응이 병행되어야 할 시점이다.

AI 기술의 발전은 보안의 진화를 이끌기도 하지만, 동시에 사이버 범죄자들에게도 강력한 도구를 제공하고 있다. AI를 악용하는 공격자들은 기존 수법보다 훨씬 정교하고 치밀한 방식으로 사이버 공격을 수행하며, 이로 인해 피해 규모는 점점 커지고 있다. 이들은 AI를 활용해 피싱 이메일을 자동으로 생성하고, 악성 코드를 실시간으로 변형하며, 특정 타깃을 정밀 분석해 맞춤형 공격을 감행할 수 있다.

예를 들어 최근에는 자연어 처리 기술을 활용한 AI 기반 피싱 이메일이 실제 사람처럼 자연스러운 문장으로 작성되어 기존 보안 필터를 우회하고 있다. 또한 딥페이크 기술을 이용해 기업 임원의 음성이나 얼굴을 위조해 직원에게 금전 이체를 지시하는 비즈니스 이메일 사기(Business Email Compromise, BEC)가 보고된 바 있다. 2020년 영국에서는 실제로 한 에너지 회사의 CEO가 사칭된 딥페이크 음성에 속아 수십만 유로를 송금한 사건이 발생했다.

또 다른 사례로는 AI가 악성 코드를 자동으로 생성·변형하는 방식이 있다. 이는 보안 설루션이 주로 탐지 규칙에 기반해 작동하는 점을 악용한 것으로, 공격자는 AI를 통해 코드의 구조를 지속적으로 변화시키는 폴리모픽(polymorphic) 악성 코드를 제작해 탐지를 회피할 수 있다. 이로 인해 방어 측에서는 끊임없이 진화하는 위협에 효과적으로 대응하기가 점점 더 어려워지고 있다.

그뿐 아니라 AI 챗봇을 이용한 사회공학적 기법도 등장하고 있다. 공격자는 챗봇을 통해 사용자와 실시간으로 대화하면서 심리적으로 신뢰를 얻은 뒤 민감한 정보를 유도해 내는 정교한 방식의 피싱을 시도한다. 이때 AI는 사용자의 언어 패턴과 반응을 학습하며 대화를 더욱 설득력 있게 조정할 수 있다.

또한 AI는 랜섬웨어 공격의 정밀성을 높이는 데에도 활용된다. 공격자는 AI를 통해 조직 내부 네트워크를 분석하고, 감염 시 피해가 가장 큰 타깃을 식별해 우선적으로 공격할 수 있다. 이처럼 자동화된 의사결정은 과거보다 훨씬 전략적인 공격을 가능하게 하며, 피해자는 데이터를 '인질'로 잡히는 것 외에도 조직 전체가 마비되는 위협에 직면하게 된다.

이처럼 AI를 악용한 사이버 공격은 과거보다 훨씬 빠르고 은밀하게 진행되며, 자동화와 정밀 타기팅이 가능하다는 점에서 국가, 기업, 개인 모두에게 심각한 위협으로 다가오고 있다. 향후에는 AI를 활용한 방어 기술뿐 아니라 AI 악용 가능성을 사전에 탐지하고 대응할 수 있는 윤리적이고 기술적인 대비가 무엇보다 중요해질 것이다.

사회공학 기법을 활용한 사이버 범죄

흔히 사이버 범죄라고 하면 고도화된 컴퓨터 기술을 가진 해커가 범죄를 저지르는 것을 떠올리지만, 사실 상당수의 사이버 범죄는 사회공학(social engineering) 기법을 활용한다. 사회공학이란 사람을 속여 정보를 획득하는 기법으로, 특별한 기술이 필요하지 않지만 가장 효과적인 공격 방식 중 하나다.

정보 보안에서의 사회공학 또는 사회공학적 해킹이란 앞서 언급한 기술적 해킹 개념과는 다소 차이가 있다. 이는 시스템의 기술적 취약점을 노리는 것이 아니라, 인간의 심리와 사회적 관계 등 사회 · 심리적 요인을 악용해 정보를 탈취하거나 접근 권한을 얻는 비기술적 공격 기법을 의미한다(전민석, 2020). 즉 사회공학은 사람의 취약점을 해킹의 주요 경로로 삼는 공격 방식으로, 정보 보안의 또 다른 위협 축을 형성한다.

사회공학 기법에는 피싱, 파밍, 사칭 전화, 숄더 서핑(shoulder surfing), 테일게이팅(tailgating) 등 다양한 기법이 존재하며, 전문 장비나 지식 없이도 사용자나 조직의 부주의를 공략해 정보를 빼낼 수 있다.

피싱(phishing)은 개인정보(private data)와 낚시(fishing)의 합성어다. 이메일로 은행이나 정부기관으로 위장한 가짜 사이트로 연결되는 링크를 보내 접속을 유도한 뒤 계좌번호, 주민등록번호, 비밀번호, 인증서 암호 등의 개인정보를 탈취하는 것을 말한다. 스미싱(smishing)은 문자메시지(SMS)와 피싱(phising)의 합성어로, '무료

쿠폰 제공', '코로나 최신 현황' 같은 문자를 무작위로 살포하는 경우다. 문자에 첨부된 파일이나 인터넷 주소를 터치하면 스마트폰에 악성 코드를 설치한다. 보이스피싱(voice phishing)은 전화로 피해자를 속이는 경우다. 대표적으로 여행 중인 자녀가 사고를 당했으니 병원비를 보내 달라거나, 정부기관이나 금융업체를 사칭해 계좌가 도용됐으니 비밀번호를 알려 달라는 수법 등을 쓴다(Lee, 2020). 보이스피싱을 통해 피싱 사이트로 유도하는 등 복합적인 수법을 쓰기도 한다(김창우, 2020).

미국 사이버 보안 및 인프라 보안국(Cybersecurity and Infrastructure Security Agency, CISA)은 "사회공학 해킹이 특정 기술 공격보다 성공률이 높고 추적이 어려워 더욱 위험하다"고 경고해 왔다.

1990년대 미국의 유명한 해커였던 케빈 미트닉(Kevin Mitnick)은 사회공학 기법을 가장 잘 사용한 사람으로, "정보 보안의 가장 큰 위협은 컴퓨터 바이러스, 패치가 적용되지 않은 중요한 프로그램, 잘못 설정된 방화벽이 아니다. 바로 당신이다"라고 말했다(전민석, 2020). 흔히 '사이버 보안의 가장 취약한 링크는 인간의 실수이자 인적 오류(human error)'라고 하듯이 사이버 범죄의 피해를 최소화하기 위해서는 개인의 노력과 역량이 매우 중요하다.

앞서 언급했듯이, 사회공학 기법은 고도의 기술과 장비를 통해 컴퓨터의 비밀번호를 풀어내고 방화벽을 뚫는 일반적인 해킹과는 달리 사람을 속여 정보를 빼돌리는 기법이다. 인간의 기본적 신뢰를 악용하는 것이다. 미트닉은 "보안이 잘 갖춰진 대기업도 전화나 이메일 한 통으로 뚫리는 경우가 많다"고 경고한다(김창우, 2020).

사회공학 사이버 범죄 사례

2023년 가을에는 온라인 정부 민원 포털 서비스인 정부24 홈페이지의 특정 간편인증에서 '정부24 간편인증'이라는 이름으로 불특정 다수에게 본인이 요청하지 않은 인증 요청이 발송돼 사용자들이 큰 혼란을 겪기도 했다. 간편인증이란 민간 인증서를 사용해 본인을 인증하는 방식이다. 공공 서비스에서도 접근성을 높이기 위해 민간인증서로 접속 가능한 간편인증 서비스를 시행하고 있다. 간편인증을 통한 비정상적 시도가 확인된 직후, 정부24 홈페이지는 특정 간편인증 서비스를 중지하기도 했다(김영명, 2023).

디지털 도어락 공격은 자외선 조명으로 키패드에 남은 지문을 추적하거나 간단한 사칭을 통해 비밀번호를 알아

낸다. 도어락 자체가 아무리 견고해도 사용자가 비밀번호를 직접 노출해 버리면 모든 보안은 무력화된다. 여기에 기술적 취약점이 결합하면 공격은 더욱 쉬워진다.

미국 CISA가 2025년 1월 13일 발표한 취약점 보고서에 따르면 일부 NFC 도어락은 일련번호(User ID, UID)만 복제해도 동일 신호를 전송할 수 있다는 결함이 존재한다. 이를 이용하면 스마트폰 앱이나 복제 장비로 도어락을 우회해 쉽게 침입할 수 있고, 한번 침입하면 녹음기나 카메라 같은 불법 장비를 설치하거나 집 안 물건을 훔치는 등 2차 범죄가 발생한다(유도진, 2025).

사회공학 기반 사이버 범죄 대응 방안

사회공학 기반 사이버 범죄는 사람의 심리를 노리는 만큼 기술적 방어와 함께 인간 중심 대응 전략이 중요하다. 중요한 대응 방안 중 첫째는 보안 인식 교육의 강화다. 조직 구성원이나 일반 사용자들이 피싱 이메일, 의심스러운 문자, 가짜 전화 등을 식별할 수 있도록 정기적인 보안 교육과 훈련을 실시해야 한다. 특히 실제 사례에 기반한 교육은 경각심을 높이는 데 효과적이다.

또한 다중 인증(Multi-Factor Authentication, MFA)을 도입하는 것이 필수적이다. 계정 로그인 시 아이디와 비밀번호만 사용하는 것은 위험하며, 문자 인증, 생체 정보, OTP 등의 이중 인증 절차를 통해 공격자의 접근을 차단할 수 있다.

아울러 의심스러운 연락에 대한 검증 습관을 체계화해야 한다. 이메일이나 전화를 통해 금융정보나 개인정보를 요구받았을 경우 그 요구를 곧이곧대로 따르지 않고 반드시 해당 기관이나 관계자에게 공식 채널을 통해 확인하는 절차를 마련하고 숙지시켜야 한다.

또한 조직 내에서는 모의 피싱 훈련을 정기적으로 시행해 구성원들이 실제 공격 상황에 대비할 수 있도록 하고, 각자의 대응 능력을 점검해야 한다. 이는 교육 효과를 높이는 동시에 실제 사고를 예방하는 데 효과적이다.

기술적 측면에서는 보안 시스템을 최신 상태로 유지하고, 이메일 필터링, URL 차단, 악성 링크 탐지 등의 기능이 탑재된 보안 설루션을 적극 활용해야 한다. 최근에는 AI 기반 이상 행위 탐지 시스템을 통해 수상한 활동을 실시간으로 감지하고 대응할 수 있는 기능이 점차 확산하고 있다.

마지막으로 만약 피해가 발생했을 경우를 대비해 신속한 대응 체계를 갖추는 것도 중요하다. 구성원들이 의심되는 상황이나 공격 징후를 발견했을 때 즉시 보고할 수 있는 내부 프로토콜을 마련하고, 관련 부서가 신속하게 조치를 취할 수 있도록 해야 한다.

이처럼 사회공학 기반 공격은 단순히 기술로만 막을 수 없으며, 사람과 조직, 시스템이 함께 대응하는 종합적인 보안 문화 구축이 가장 효과적인 방어책이다.

사용자는 인증 요청이 발생했을 때 꼼꼼하게 내용을 확인하고, 본인이 요청하지 않은 것이라면 인증을 허용하기 전에 먼저 해당 서비스 제공업체에 신고해야 한다(김영명, 2023). 이러한 사회공학적 기법을 이용한 비정상적인 본인 인증 시도가 자주 발견되고 있어 사용자들의 각별한 주의가 필요하다.

참고문헌

김영명(2023.11.15). "아직도 먹히는 사회공학적 해킹… 이번엔 정부24 악용". 보안뉴스. https://m.boannews.com/html/detail.html?idx=123789

김창우(2020.2.22). "개인정보 유출, 사람 속여 빼돌리는 '사회공학'에 당한다". 중앙일보. https://www.joongang.co.kr/article/23712554

유도진(2025.2.8). "여성·아동·어르신 노리는 사회공학 해킹, 당신은 안전한가". 오마이뉴스. https://www.ohmynews.com/NWS_Web/View/at_pg.aspx?CNTN_CD=A0003102015

이국진(2018). "인공지능을 활용한 네트워크 이상징후 탐지에 대한 연구". 건국대학교 정보통신대학원 석사 학위 논문.
http://www.riss.kr/link?id=T14729347&outLink=K

전민석(2020). "포스트 코로나 시대의 사회공학적 해킹과 대응방안".
http://expo.hknu.ac.kr/2020/_File/bbs/8/1606185681_6375.pdf

Lee, C. S.(2020). A crime script analysis of transnational identity fraud: migrant offenders' use of technology in South Korea. *Crime, Law and Social Change*, *74*(2), pp.201-218.

03
AI 기반 사이버 범죄의 사회적 영향

AI 기반 사이버 범죄의 피해자들은 개인정보 유출, 금전적 피해, 신원 도용 등의 위험에 직면하고 있다. 기존 보안 체계를 우회하거나 자동화된 방식으로 대규모 공격이 이뤄져 피해 규모와 속도가 급격히 증가하는 추세다. 기존의 대응 방식만으로는 한계가 뚜렷하다. 기술적 대응뿐 아니라 법적 · 정책적 차원의 대응 방안, 사회적 인식 제고를 포함한 다각적 접근이 요구된다. 새로운 범죄 유형에 효과적으로 대응하기 위해 정부, 산업계, 학계가 협력해 선제적이고 종합적인 대응 전략을 마련해야 한다.

AI와 난임 극복?

국내 사이버 범죄 현황

우리나라의 사이버 범죄 통계는 크게 정보통신망 침해 범죄, 정보통신망 이용 범죄, 불법 콘텐츠 범죄로 분류되어 관리되고 있으며 사이버 범죄에서 가장 큰 비중을 차지하고 있는 인터넷 사기는 정보통신망 이용 범죄에 포함된다(통계청, 2024).

국내 사이버 범죄는 2014년 11만 109건이 발생했으며, 이 중 7만 1950건이 검거되어 발생 대비 검거율은 65.3퍼센트를 기록했다. 2016년에는 사이버 범죄 발생 건수가 15만 3075건으로 증가했고, 검거 건수는 12만 7758건으로 검거율이 83.5퍼센트에 달해 2014년부터 2023년까지 10년 동안 가장 높은 수치를 나타냈다. 이후 사이버 범죄 발생 건수는 지속적으로 증가하는 추세를 보여, 2020년에는 23만 4098건, 2021년에는 다소 감소한 21만 7807건, 2023년에는 24만 1842건이 발생했다. 그러나 검거율은 2016년을 정점으로 점차 하락해, 2020년에는 67.5퍼센트, 2023년에는 57.1퍼센트로 낮아지는 양상을 보였다(통계청, 2024).

사이버 범죄는 신종 범죄가 출현하는 등 지속적으로 변화하는 양상을 보이고 있다(통계청, 2024). 범죄 발생 건수가 증가할수록 검거율은 낮아지는 경향을 보여, 수사기관의 대응 역량이 범죄 증가 속도를 따라가지 못하고 있는 상황임을 알 수 있다.

이러한 추세를 통해 도출할 수 있는 정책적 · 사회적 함의는 다음과 같다. 첫째, 사이버 수사 역량 강화의 필요성이다. 지속적으로 증가하는 사이버 범죄에 대응하기 위한 디지털 포렌식, 인공지능 기반 분석 도구, 전문 수사 인력의 확충이 시급하다. 특히 국경을 넘나들고 국경이 없는 사이버 범죄 특성상 국제 공조 수사 체계의 정비가 중요해지고 있다. 둘째, 예방 중심의 정책 전환적 사고가 필요하다. 검거율이 하락하고 있는 현실을 고려할 때, 사후 대응보다는 예방 중심의 접근이 더욱 중요하게 부각된다. 교육 캠페인, 사이버 보안 훈련, 기업과 기관의 보안 수준 강화가 요구된다. 셋째, 법 · 제도 개선이 필요하다. 신종 사이버 범죄(딥페이크 범죄, 랜섬웨어, 가상 화폐 사기 등)에 대한 법적 정의 및 처벌 기준이 미비할 수 있다. 현실을 반영한 법 · 제도 개선이 뒷받침되어야 수사의 실효성을 확보할 수 있다. 넷째, 사이버 범죄의 피해가 증가하면서 피해자 지원 체계의 구축이 시급한 과제로 떠오르고 있다. 발생 건수가 많아질수록 일반 시민은 물론 기업과 기관의 피해도 누적되기 때문에, 피해자 보호와 회복을 위한 제도적 지원 시스템 마련이 반드시 병행되어야 한다.

유형별 사이버 범죄 피해 동향

우리나라에서 2020년부터 2023년까지 발생한 사이버 범죄 피해를 유형별로 살펴보면, 피해 건수는 정보통신망 이용 범죄, 불법 콘텐츠 범죄, 정보통신망 침해 범죄 순으로 많이 접수되었다. 전체적으로 볼 때, 정보통신망 이용 범죄 중에서는 사이버 사기가 가장 많은 피해를 발생시킨 유형으로 나타났다. 그 외에도 연도에 따라 다소 차이는 있으나 사이버 금융 범죄, 사이버 명예훼손 및 모욕, 사이버 도박, 사이버 성폭력 등의 피해가 뒤를 이었다(통계청, 2024).

사이버 범죄 피해 유형별 통계의 주요 함의는 다음과 같이 정리할 수 있다.

첫째, 사이버 사기 중심의 피해가 집중되는 것은 사이버 범죄(사기)가 일상 속 위협으로 확산되고 있음을 의미한다. 사이버 사기가 정보통신망 이용 범죄 중 가장 많은 피해 건수를 차지하고 있다는 점은, 사이버 범죄가 개인의 일상생활과 직접 연결된 현실적 위협이 되었음을 보여 준다. 이는 일반 시민들이 가장 쉽게 노출되는 범죄 유형이며, 특히 모바일 메신저, 중고거래 플랫폼, 가상 화폐 투자 사기 등 새로운 형태로 끊임없이 변형되고 있다. 이를 예방하기 위해 일반 국민 대상 예방 교육과 홍보, 플랫폼 사업자와의 협업 강화가 시급하다.

둘째, 사이버 금융 범죄와 도박 범죄의 꾸준한 증가는 규제의 사각지대가 존재할 수 있다는 점을 암시한다. 사이버 금융 범죄와 도박 관련 범죄는 종종 해외 서버, 암호 화폐, 위장된 앱 · 사이트 등을 활용해 수사와 단속이 어려운 형태로 이루어진다. 이는 기존 법과 제도의 한계를 보여 주며, 이에 따라 디지털 환경에 맞는 실시간 모니터링 및 자금 흐름 차단 장치 마련이 필요하다.

셋째, 사이버 명예훼손 · 모욕, 사이버 성폭력의 고착화는 사회적 갈등 및 정신적 피해를 유발할 수 있다. 명예훼손, 모욕, 성적 괴롭힘 등은 청소년, 여성, 소수자 등 취약계층에 집중되며, 피해 회복이 어렵고 2차 피해로 이어지는 경우가 많다. 이는 단순한 범죄 통계를 넘어 사이버 공간 내 혐오와 폭력, 사회적 분열을 심화하는 요소로 작용한다. 이에 피해자 보호, 상담 · 법률 지원 체계, 플랫폼 책임 강화 정책이 병행되어야 한다.

넷째, 불법 콘텐츠 및 통신망 침해 범죄는 비교적 저평가되지만, 아직도 끊이지 않는 이슈다. 불법 콘텐츠 유통(음란물, 불법 촬영물, 저작권 침해 등)과 통신망 침해

(해킹, 랜섬웨어 등)는 일반 이용자에게 잘 드러나지 않지만, 국가적 · 산업적 피해가 큰 범죄 유형이다. 기술 기반 범죄임에도 불구하고 대응 정책은 여전히 단속 중심이어서, 기술적 탐지 · 차단 시스템의 고도화와 사전적 대응 체계 구축이 필요하다.

다섯째, 범죄 유형의 다양화에 따른 다차원적 대응 구조가 필요하다. 사이버 범죄는 더 이상 단일한 범주에 머물지 않고 사기, 명예훼손, 성폭력, 도박, 금융, 해킹 등 다양한 형태로 확산되며 전방위적 위협으로 자리 잡고 있다. 특히 기존 범죄와 신종 범죄가 결합된 복합적이고 진화된 유형이 새롭게 등장하고 있다. 이러한 변화는 사이버 범죄에 대한 기존 대응 방식만으로는 한계가 있음을 시사하며, 보다 정교하고 유연한 정책적 · 기술적 대응 체계가 요구된다. 아울러 수사기관뿐 아니라 플랫폼 사업자, 금융기관, 교육기관, 시민사회가 협력하는 통합적 거버넌스 구축이 필수적이다. 이를 통해 사이버 공간의 안전성과 신뢰성을 확보하고, 빠르게 진화하는 범죄 환경에 효과적으로 대응할 수 있을 것이다. 또한 대응 체계도 형사사법기관, 금융당국, 교육기관, 플랫폼 사업자, 시민단체가 연계되는 복합적 거버넌스 체계로 전환될 필요가 있다(김영명, 2024).

사이버 사기 피해와 예방 방안

'사이버 사기', 특히 직거래 사기, 온라인 쇼핑몰 사기, 게임 아이템 사기 등은 나날이 증가하고 있으며, 그 피해는 우리의 일상생활과 밀접하게 연결되어 있다.

직거래 사기를 예방하기 위해서는 판매자의 정보나 계좌번호가 과거 사기 피해와 관련이 있는지 확인해야 한다. 실제 물품 상태를 사진으로 요청하거나, 직접 만나서 확인 후 거래하는 게 중요하다. 쇼핑몰 사기에서는 지나치게 저렴한 초특가 상품을 주의하고, 사업자 정보와 고객 리뷰, SNS 판매자 등을 신뢰할 수 있는지 반드시 사전 점검해야 한다. 마지막으로 게임 아이템 사기를 예방하기 위해서는 상대방의 사기 피해 이력을 체크하고 아이디와 비밀번호를 타인과 공유하지 않는 것이 중요하다.

이러한 유형의 사이버 사기를 예방하기 위한 실질적인 대응책과 사전 교육, 기술적 보호 장치 마련이 시급한 과제로 떠오르고 있다.

첫째, 정책 및 법제도적 대응이 필요하다. 사이버 사기와 관련된 범죄 유형에 대한 법적 정의와 처벌 기준을 명확히 하고, 온라인 거래 플랫폼과 게임 기업이 책임 있는 중개 역할을 수행할 수 있도록 의무적 보안 기준 및 소비자 보호 정책을 강화해야 한다. 피해 신고 및 구제 절차 또한 보다 신속하고 접근하기 쉽게 정비될 필요가 있다.

둘째, 기술적 대응 방안의 구축이 중요하다. 인공지능 기반의 사기 탐지 알고리즘, 사용자 신원 인증 강화, 거래 이력 모니터링 시스템 등을 도입함으로써 실시간 이상 거래 탐지와 사기 방지 기능을 강화할 수 있다. 또한 게임 플랫폼과 커머스 시스템 내에 자동 차단 기능과 위험 사용자 알림 시스템 등을 내장하는 것도 효과적인 대응 전략이 될 수 있다.

셋째, 사용자 교육 및 인식 제고가 병행되어야 한다. 특히 청소년과 고령층을 포함한 일반 사용자들에게 사이버 사기 유형과 대응 방법을 체계적으로 교육할 수 있는 콘텐츠와 캠페인이 필요하다. 디지털 금융·거래 환경에 대한 이해 부족이 피해로 이어지지 않도록, 사전 예방 중심의 사이버 시민교육 체계를 강화할 필요가 있다.

이처럼 사이버 사기의 확산을 막기 위해서는 법제도, 기술, 교육의 다층적 접근이 병행되어야 하며, 민관 협력 기반의 통합적 대응 체계가 요구된다.

사이버 범죄 대응 방안

지속적으로 증가하고 있는 사이버 범죄와 그 피해를 예

방하기 위해서는 관련된 예방 수칙을 사전에 숙지하고 일상 속에서 습관화하는 것이 중요하다. 특히 AI 기반 사이버 범죄의 경우 피해자들은 개인정보 유출, 재산 피해 등 다양한 위험에 노출되어 있으며, 그 피해 양상은 갈수록 복잡하고 정교해지고 있다. 인공지능이 생성한 피싱 이메일, 가짜 음성 및 영상 등을 활용한 범죄는 기존의 수법보다 훨씬 정밀하게 구성되어 신뢰를 유도하기 쉽고, 이로 인해 피해 규모가 급격히 확대되고 있다. 이와 함께 챗봇 형태로 위장한 AI가 사회적 취약 계층에게 접근해 개인정보를 유도하거나 투자 사기를 유발하는 사례도 증가하고 있다. 피해자들은 이처럼 AI 기술을 활용한 사이버 범죄가 자동화되어 더욱 빠르고 광범위하게 확산된다는 점에서 기존 사이버 범죄와는 또 다른 위협에 직면하고 있다(통계청, 2024).

이러한 변화에 대응하기 위해서는 기술적 보완뿐만 아니라 제도적 · 교육적 대응이 병행되어야 한다. 기술적 측면에서는 AI 기반 공격을 탐지하고 차단할 수 있는 보안 시스템의 고도화, 보안 설루션의 정기적인 업데이트가 필수적이다. 제도적으로는 AI 기반 범죄에 대한 명확한 법적 정의와 처벌 기준 마련이 요구된다. 아울러 일반 시민과 기업을 대상으로 하는 사이버 보안 인식 제고를 위한 교육을 강화함으로써, 스스로 피해를 예방할 수 있는 역량을 키우는 것이 중요하다(Lee & Chua, 2023; Lee & Kim, 2023).

궁극적으로는 인공지능이 범죄 수단이 아니라 안전하고 신뢰할 수 있는 사회적 도구로 기능할 수 있도록 기술 개발과 윤리적 통제가 균형 있게 이루어져야 한다. 새로운 유형의 범죄에 대한 사회적 인식 전환과 함께, 다양한 분야의 전문가들이 협력해 지속 가능한 대응 체계 및 방안을 모색해야 할 시점이다.

참고문헌

김영명(2024.10.2). "경찰청 사이버수사 인력 증가, 사이버범죄 건수·검거율은 감소". 보안뉴스. https://www.boannews.com/media/view.asp?idx=133306

김유민(2025.2.25). "온라인에서 사기 당하지 않으려면? 사이버범죄 예방수칙". 통계청 공식 블로그. https://blog.naver.com/hi_nso/223773392633?trackingCode=rss

통계청(2024). "사이버범죄 발생 및 검거". https://www.index.go.kr/unity/potal/main/EachDtlPageDetail.do?idx_cd=1608

Choi, K.-S. et al.(2020). Historical Evolutions of Cybercrime: From Computer Crime to Cybercrime. In Holt, T. J. & Bossler, A.(eds.). *The Palgrave Handbook of International*

Cybercrime and Cyberdeviance, pp.27–43. New York: Palgrave Macmillan.

Lee, C. S. & Chua, Y. T.(2023). The role of cybersecurity knowledge and awareness in cybersecurity intention and behavior in the United States. *Crime & Delinquency*, *70*(9), pp.2250–2277. https://doi.org/10.1177/00111287231180093

Lee, C. S. & Kim, D.(2023). Pathways to cybersecurity awareness and protection behaviors in South Korea. *Journal of Computer Information Systems*, *63*(1), pp.94 – 106. https://doi.org/10.1080/08874417.2022.2031347

04
수사기관의 사이버 범죄 대응 및 AI 활용

수사기관은 신종 사이버 범죄에 적극 대응하기 위해 AI 기술을 활용해 범죄를 탐지하고 조사한다. AI는 사이버 범죄의 패턴을 분석하고, 사전 예방 조치를 강화하는 데 기여한다. 특히 데이터 분석과 패턴 인식 측면에서 AI는 매우 강력한 도구로 활용된다.

AI와 사주?

사이버 범죄 수사에서의 AI 기술 활용과 정책적 과제

수사기관은 새로운 사이버 범죄에 적극 대응하기 위해 AI 기술을 활용해 사이버 범죄를 탐지하고 조사하고 있다. AI는 방대한 데이터를 빠르게 처리하고, 정교한 패턴 인식을 통해 범죄의 징후를 조기에 포착할 수 있다는 점에서 수사기관의 강력한 도구로 자리 잡고 있다. 특히 AI 기반 분석 시스템은 의심스러운 트래픽, 비정상적인 로그인 시도, 금융 거래 기록 등 다양한 디지털 흔적을 실시간으로 분석함으로써 사이버 범죄를 사전에 감지하고, 예방 조치를 취할 수 있게 해 준다.

예를 들어 AI는 과거 사이버 공격 사례들을 학습한 후 유사한 행위나 경로를 자동으로 식별함으로써 랜섬웨어나 피싱 시도의 초기 단계를 포착할 수 있다. 또한 사이버 범죄자가 사용하는 악성 코드의 변종을 분석하거나, 가상 화폐를 통한 자금 세탁 경로를 추적하는 데에도 AI의 딥러닝 기술이 효과적으로 활용되고 있다.

더 나아가 자연어 처리 기술은 다크웹이나 소셜 미디어에서 이루어지는 범죄 계획이나 위협 정보를 자동 수집하고 해석하는 데에도 쓰인다. 이를 통해 수사기관은 수동적인 대응에서 벗어나 능동적으로 정보를 수집하고 위협을 탐지할 수 있으며, 실제 범죄 발생 전 선제적 조치를 취할 수 있는 기반을 마련하게 된다.

그러나 AI 기술의 활용은 기술적 한계뿐 아니라 윤리적 문제, 개인정보 보호 문제, 오탐지 가능성 등 새로운 도전도 동반한다. 따라서 수사기관은 AI 기술을 투명하고 책임감 있게 운영하기 위한 정책적 기준을 갖추고 지속적인 기술 개선과 전문가 협력을 병행해야 한다. 결국 AI는 사이버 범죄 대응의 핵심 도구인 동시에 그 활용 방식에 대한 사회적 합의를 요구하는 중요한 기술로 자리잡고 있다.

한국의 수사기관과 AI: 고도화되는 사이버 범죄에 대한 기술적 대응

수사기관은 새로운 사이버 범죄에 적극 대응하기 위해 AI 기술을 활용해 사이버 범죄를 탐지하고 조사하고 있다. 특히 한국에서는 경찰청, 과학기술정보통신부, 한국인터넷진흥원 등 주요 기관들이 AI 기술을 도입해 사이버 공격의 조기 탐지와 효율적 수사를 위한 기반을 강화하고 있다. AI는 방대한 데이터를 빠르게 처리하고 정교한 패턴 인식을 통해 범죄의 징후를 포착할 수 있다는 점에서 사이버수사대와 디지털범죄수사팀의 핵심 수단으로 자리 잡고 있다.

경찰청은 2023년부터 '지능형 사이버 범죄 수사 시스템'을 시범 운영하며 AI 기반 분석 도구를 통해 악성 코드 유포 경로, 피싱 사이트 탐지, 다크웹 정보 추적 등을 자동화하고 있다. 이를 통해 기존 수작업으로는 분석에 수일 이상 걸리던 작업을 몇 시간 이내로 단축할 수 있게 되었으며, 수사 정확도도 크게 향상되었다.

또한 한국인터넷진흥원은 사이버 위협 인텔리전스 플랫폼을 구축해 오고 있고(한국인터넷진흥원, 2016), 최근에는 인공지능을 통해 수집한 다양한 위협 데이터를 분석하고 민간 기업 및 공공기관과 실시간으로 공유하고 있다. 이를 통해 사전 예방적 조치가 가능해졌으며, 랜섬웨어나 스피어 피싱과 같은 고도화된 공격에 대해서도 선제적 대응이 가능해지고 있다.

최근에는 자연어 처리 기술을 활용해 SNS나 커뮤니티에서의 불법 정보 유통, 협박성 메시지, 사이버 불링 등을 실시간으로 탐지하려는 시도도 활발히 이뤄지고 있다. 특히 디지털 성범죄와 같은 민감한 사안에 대해 AI가 영상 · 이미지를 자동 분석해 피해자 보호 및 증거 수집에 기여하고 있다.

다만 AI 기술의 도입은 기술적 이점이 있는 만큼 윤리적 문제도 고려해야 한다. 오탐지나 과잉 대응 가능성, 개인정보 보호 문제 등은 한국 사회에서도 중요한 이슈로 떠오르고 있다. 이에 따라 수사기관은 AI 시스템의 투명성과 책임성을 높이기 위한 가이드라인을 마련하고 기술 개발자와 법률가, 시민사회 간의 협력을 확대하고 있다.

궁극적으로 AI는 사이버 범죄 대응에서 단순한 수단을 넘어 수사 패러다임 자체를 변화시키고 있으며, 한국 사회도 이에 맞춰 하루빨리 제도와 기술, 교육이 유기적으로 작동하는 시스템을 구축해야 한다.

수사기관은 점점 더 정교해지는 사이버 범죄에 대응하기 위해 AI 기술을 적극 도입하고 있다. 한국에서는 디지털 성범죄, 금융 사기, 해킹과 같은 주요 사이버 범죄 유형을 중심으로 AI 기반 탐지 및 분석 시스템이 활발히 개발되고 있으며, 이는 수사 효율성과 범죄 예방 측면에서 큰 전환점을 가져오고 있다.

디지털 성범죄 대응과 AI의 역할

한국은 '텔레그램 N번방 사건' 이후 디지털 성범죄에 대한 사회적 경각심이 크게 높아졌으며(전윤정, 2021), 이에 따라 수사기관도 기술 중심의 대응 전략을 강화하고 있다. 경찰청은 디지털성범죄특별수사단을 중심으로 AI 기술을 활용해 불법 촬영물 탐지 및 유통 경로 추적을 수행하고 있다.

AI 기반 이미지·영상 분석 기술은 수만 건의 콘텐츠 중 불법 촬영물 가능성이 있는 데이터를 빠르게 선별하고, 유사 이미지 탐색을 통해 피해자 중심의 2차 유포 방지 조치를 가능하게 한다. 한국인터넷진흥원도 민간 플랫폼과 협력해 불법 촬영물 탐지를 위한 AI 필터링 기술을 도입하고 있으며, AI가 콘텐츠의 특성을 학습해 자동으로 차단하는 시스템이 점차 고도화되고 있다.

금융 사기 및 보이스피싱 대응

금융 사기, 특히 AI를 악용한 보이스피싱과 메신저 피싱은 한국에서 급증하고 있는 범죄 유형 중 하나다. 최근에는 피해자의 가족 목소리를 딥러닝으로 모방하거나, AI 챗봇을 이용해 신뢰를 유도하는 방식으로 진화하고 있다. 이에 대응해 금융감독원과 경찰청은 AI를 활용한 금융 사기 패턴 분석 시스템을 도입해 고위험 전화번호, 의심 계좌, 문장 패턴 등을 분석하고 있다.

예컨대 통화 음성의 특징이나 대화 흐름을 분석해 AI가 실시간으로 '피싱 가능성 경고'를 제공하고 있다. 금융기관 내에서는 고객의 이체 요청이 기존 패턴과 다를 경우 자동 알림 및 거래 보류 처리를 수행하는 시스템이 운영 중이다.

또한 금융감독원과 경찰청은 금융기관과 협업해 AI 기반 이상금융거래 탐지 시스템(Fraud Detection System, FDS)을 고도화하고, 사기 계좌 정보를 실시간으로 공유하는 통합 대응 체계를 구축하고 있다.

해킹 및 랜섬웨어 공격 대응

해킹과 랜섬웨어는 공공기관은 물론 민간기업, 의료기관 등 사회 전반을 마비시킬 수 있는 심각한 위협으로 부상했다. 특히 AI가 스스로 보안 취약점을 탐색하거나 자동화된 공격 코드를 생성하는 등 공격자 측에서도 AI를 활용하는 사례가 늘고 있다.

이에 대응해 국가정보원, 과학기술정보통신부, 한국인터넷진흥원 등은 AI 기반 보안 설루션을 통해 실시간 침입 탐지 시스템(Intrusion Detection Systems, IDS), 비정상 트래픽 분석, 자동 악성 코드 분류 및 변종 탐지 기술을 강화하고 있다.

예를 들어 한국인터넷진흥원은 사이버 위협 자동 분석 시스템을 도입해 해킹 시도와 관련된 로그 데이터를 수집하고, AI가 이를 분석해 경고 신호를 수사기관에 제공하는 체계를 갖추고 있다. 이와 함께 공공기관을 대상으로 한 사이버 침해 모의 훈련에도 AI 시뮬레이션 기술이 도입되어, 실제 공격 시나리오에 기반한 대응 능력 강화를 돕고 있다.

수사기관의 다크웹 활용

다크웹은 일반적인 검색 엔진으로는 접근할 수 없고, 특별한 소프트웨어(Tor 브라우저 등)를 통해서만 접속할 수 있는 비공개적이고 익명성이 보장된 인터넷 영역을 말한다(Choi et al., 2020; Choi & Lee, 2023).

수사기관은 새로운 형태의 사이버 범죄에 적극 대응하기 위해 AI 기술을 활용해 범죄를 탐지하고 정밀하게 조사하고 있다. 특히 익명성과 암호화에 기반한 다크웹에서는 마약 거래, 위조 신분증 유통, 해킹 도구 판매, 가상자산 기반 돈세탁 등 각종 불법 행위가 이루어지고 있어 AI 기술의 활용이 더욱 중요해지고 있다. AI는 방대한 다크웹 데이터를 수집하고, 자연어 처리 기술을 활용해 텍스트를 분석하며, 패턴 인식 및 행위 기반 분석을 통해 범죄의 징후를 조기에 포착하는 데 강력한 도구로 활용된다. 예를 들어 AI는 특정 키워드의 이상 활동 증가나 새로운 마켓의 등장, 특정 해커 집단의 활동 변화 등을 자동으로 탐지해 수사기관이 신속히 개입할 수 있도록 지원한다. 또한 암호화된 거래 흐름을 추적하고, 범죄자 간의 네트워크 구조를 시각화함으로써 기존 수사 방식으로는 접근하기 어려웠던 다크웹 범죄 수사를 효율적으로 수행할 수 있게 한다. 이러한 기술은 사이버 범죄에 대한 사전 예방 조치를 강화하고, 익명성 뒤에 숨은 범죄자를 식별하는 데 핵심적인 역할을 하고 있다.

수사기관은 다크웹에서 이루어지는 다양한 사이버 범죄에 효과적으로 대응하기 위해 AI 기술을 적극 활용하고 있다. 예를 들어 유럽 형사경찰기구(Europol)는 세계 최대 불법 다크웹 마켓 중 하나였던 '다크마켓(Dark-Market)'을 추적하는 과정에서 AI 기반 텍스트 분석 및 거래 패턴 분석 도구를 활용해 수백만 건의 거래 내역과 대화 데이터를 자동으로 분석하고 주요 범죄자를 식별하는 데 성공했다(Europol, 2021; Reuters, 2023). 미국 FBI는 아동 성착취물 유통 사건인 '웰컴 투 비디오(Welcome to Video)' 수사에서 딥러닝 기반 이미지 및 영상 분류 기술을 활용해 수백만 개의 데이터를 신속히 분류하고, 전 세계 337명을 검거했으며, 피해 아동을 구조했다. 영국의 내셔널크라임에이전시(National Crime

Agency, NCA)는 비트코인 믹싱 서비스로 자금을 세탁한 다크웹 운영자를 추적하는 데 AI 기반 블록체인 분석 도구를 사용해 약 500만 파운드 상당의 암호 화폐를 회수했다. 한국 경찰청 또한 2018년 국내 최초로 다크웹 아동 음란물 사이트인 '웰컴 투 비디오'를 적발했으며, AI 기반 영상 인식 및 이미지 해시 비교 기술을 활용해 범죄자의 정체를 밝혀냈다(BBC News 코리아, 2019). 이처럼 AI는 방대한 데이터 속에서 범죄 징후를 자동으로 탐지하고, 익명성과 암호화에 기반한 다크웹 범죄에 대응하는 핵심 수단으로 자리매김하고 있다.

사이버 수사에서의 인공지능 활용: 탐지·분석·대응의 새로운 패러다임

수사기관의 관점에서 AI는 사이버 범죄 대응과 사이버 안보 확보에 결정적인 전환점을 마련하는 기술로 평가된다. 사이버 범죄는 점점 더 지능화되고 조직화되며, 다크웹, 가상자산, 딥페이크, 자동화된 공격 도구 등 새로운 형태로 진화하고 있다. 이러한 환경 속에서 수사기관이 전통적인 수사 방식만으로 위협을 식별하고 대응하는 데는 한계가 분명하다. 이에 따라 AI는 방대한 데이터를 실시간으로 분석하고, 패턴을 인식하며, 이상 행위를 조기에 탐지할 수 있는 강력한 도구로 부상하고 있다.

AI는 사이버 범죄 수사의 여러 단계, 즉 위협 탐지, 증거 수집, 용의자 식별, 범죄자 네트워크 분석에서 효과적으로 활용될 수 있다. 예를 들어 자연어 처리는 다크웹이나 SNS상의 불법 대화를 분석하는 데 쓰이며, 머신러닝 모델은 이메일 피싱, 악성 코드, 랜섬웨어의 징후를 조기에 파악하고 분류하는 데 사용된다. 딥러닝은 영상 및 이미지 기반의 디지털 증거를 자동으로 분류하고, 딥페이크 탐지 기술은 허위 정보와 신원 위조 범죄 수사에 핵심적인 역할을 한다. 또한 블록체인 분석 AI는 가상 화폐를 활용한 자금 흐름을 추적해 자금 세탁과 불법 거래의 실체를 밝히는 데 기여하고 있다.

앞으로 AI 기반 사이버 수사는 더욱 고도화되고 자동화될 것으로 보인다. 자율적인 위협 감지 및 대응 시스템, AI 기반 디지털 포렌식 도구, 실시간 다크웹 모니터링 시스템 등이 보편화될 것이며, 수사기관은 데이터 기반의 선제적 대응 능력을 확보하게 될 것이다. 그러나 동시에 AI의 악용 가능성 등도 함께 증가할 것이기 때문에, 수사기관은 AI 기술을 활용하는 동시에 이를 악용하는 위협에 대한 이해와 대응 전략도 함께 강화해야 한다.

결국 수사기관에게 AI는 단순한 기술적 도구를 넘어

빠르게 진화하는 사이버 위협 환경에서 선제적이고 정밀한 대응을 가능하게 하는 핵심 전략 자산으로 자리매김하고 있다. 향후 AI는 사이버 보안과 사이버 안보의 지속 가능성, 나아가 국가 차원의 범죄 대응 역량을 결정짓는 핵심 요소가 될 것이다.

참고문헌

전윤정(2021). "'n번방' 사건으로 본 디지털 성범죄 규제현황과 개선과제". ≪이화젠더법학≫, 13(3), 1-29쪽.

한국인터넷진흥원(2016.6.22). "글로벌 사이버위협 인텔리전스 네트워크 출범". https://www.kisa.or.kr/405/form?postSeq=563&lang_type=KO&page=

BBC News 코리아(2019.10.17). "'다크웹' 아동음란물 국제공조 수사… 검거된 300여명 중 223명이 한국인". https://www.bbc.com/korean/news-50078096

Choi, K.-S. & Lee, C. S.(2023). In the name of Dark Web justice: A crime script analysis of hacking services and the underground justice system. *Journal of Contemporary Criminal Justice, 39*(2), pp.201-221.

Choi, K.-S. et al.(2020). Historical evolutions of cybercrime: From computer crime to cybercrime. In Holt, T. J. & Bossler, A.(eds.). *The Palgrave Handbook of International Cybercrime and Cyberdeviance,* pp.27-43. New York: Palgrave Macmillan.

Europol(2021). DarkMarket: world's largest illegal dark web

marketplace taken down.
https://www.europol.europa.eu/media-press/newsroom/news/darkmarket-worlds-largest-illegal-dark-web-marketplace-taken-down
Reuters(2023.5.2). Europol-led sting nabs 288 dark web vendors, haul of drugs.
https://www.reuters.com/world/europol-led-sting-nabs-288-dark-web-vendors-haul-drugs-2023-05-02/

05
AI 기반 악성 코드 및 실시간 공격 탐지 기술

AI 기반 시스템은 악성 코드 유포와 실시간으로 발생하는 사이버 공격을 자동으로 탐지하고, 위협 수준을 분석해 즉각적인 대응 조치를 취할 수 있도록 설계되어 있다. 이러한 시스템은 기존의 수동적 대응 방식과 달리, 방대한 데이터를 실시간으로 처리하며 이상 징후를 신속하게 식별함으로써 피해 확산을 최소화할 수 있다. AI 기반 사이버 보안 시스템은 사이버 위협의 조기 경고와 자동화된 대응을 가능하게 해 전체적인 사이버 안보 수준을 비약적으로 향상하는 핵심 인프라로 자리매김하고 있다.

AI와 아이돌?

AI 기반 사이버 보안 시스템

AI 기반 보안 시스템은 악성 코드와 실시간 사이버 공격을 탐지하고 신속히 대응하는 능력을 갖추고 있어, 오늘날 사이버 보안 환경에서 점점 더 중요한 역할을 수행하고 있다. 이러한 시스템은 기존의 수동적이고 반응적인 대응 방식을 넘어, 위협을 사전에 식별하고 차단하는 예방 중심의 사이버 방어 체계를 가능하게 한다. 예를 들어 AI는 네트워크 트래픽을 상시 모니터링하면서 정상과 비정상 활동 간 차이를 스스로 학습하고, 이를 바탕으로 이상 징후를 조기에 탐지할 수 있다. 머신러닝 알고리즘은 방대한 양의 로그 데이터, 파일 형식, 통신 패턴 등을 분석해 알려지지 않은 새로운 유형의 악성 코드나 해킹 시도까지도 식별해 낸다.

실제로 2023년 한 국내 금융기관에서는 외부 서버로 비정상적인 트래픽이 급증한 사례가 있었다. 이때 AI 기반 보안 시스템이 이를 신속히 감지하고 자동으로 관리자에게 경고를 전송했으며, 공격자로 의심되는 IP를 차단해 내부 고객 정보 유출을 사전에 방지할 수 있었다. 이처럼 AI는 단순한 탐지를 넘어 공격의 출처, 유입 경로, 사용된 기법까지 역추적함으로써 보안 담당자가 신속하고 정밀한 대응을 할 수 있도록 지원한다.

우리나라에서도 공공기관과 민간 기업을 중심으로 AI 기반 위협 탐지 시스템이 빠르게 확산하고 있다. 예컨대 한국인터넷진흥원은 국가사이버안전센터와의 협업을 통해 정부기관을 대상으로 하는 해킹 시도나 랜섬웨어 공격을 AI가 자동으로 감지하고 위험 수준에 따라 경보를 발령하거나 자동으로 차단하는 시스템을 운영 중이다(김경애, 2023). 특히 대규모 이벤트가 벌어질 때나 선거 기간과 같은 사회적으로 민감한 시기에는 AI의 실시간 대응 능력이 사이버 안보의 핵심 방어선 역할을 수행하고 있다.

이러한 자동화된 AI 대응은 공격의 확산을 방지하고 시스템 피해를 최소화하는 데 결정적인 역할을 하며, 더 나아가 사이버 공격에 대한 조직의 회복탄력성(resilience)을 크게 향상한다. 궁극적으로 AI는 사이버 안보를 강화하는 데 핵심 기술 축으로 자리 잡았으며, 앞으로는 AI와 보안 전문가 간 협력을 통한 하이브리드 보안 체계가 보편화될 것으로 보인다.

그러나 AI 기술의 급속한 발전은 동시에 새로운 위험도 수반한다. 악의적인 해커가 AI 시스템을 역으로 조작하거나 오작동을 유도할 수 있고, AI의 판단 기준이나 결과가 불투명하거나 편향될 경우 심각한 오판을 초래할 수 있다. 따라서 향후 AI 시스템 오용에 대한 대응책을 마련하고 AI의 판단 과정에 대한 투명성과 신뢰성을 확보하는 것이 중요한 과제로 남는다.

AI 기반 보안 시스템은 악성 코드와 실시간 사이버 공격을 탐지하고 신속하게 대응할 수 있는 역량을 갖추고 있으며, 이는 기존의 수동적 · 반응적인 보안 대응에서 벗어나 사전 예방 중심 방어 체계로의 전환을 가능하게 한다. AI는 네트워크 트래픽을 지속적으로 모니터링하면서 정상적인 활동과 비정상적인 활동을 학습하고 구별함으로써 이상 징후를 조기에 탐지한다. 이 과정에서 머신러닝 알고리즘은 로그 데이터, 파일 형태, 통신 패턴 등을 종합적으로 분석해, 알려지지 않은 새로운 유형의 악성 코드나 해킹 시도까지도 식별해 낸다.

주요 사례

우리나라는 공공과 민간 부문에서 AI 기반 사이버 보안 시스템을 빠르게 도입하며 사이버 위협 대응 역량을 강화하고 있다. 예를 들어 한국인터넷진흥원은 국가사이버안전센터와의 협력을 통해 정부기관을 대상으로 하는 해킹 시도와 랜섬웨어 공격을 AI로 자동 탐지하고, 위협 수준에 따라 경보를 발령하고 자동 차단하는 체계를 구축하고 있다. 2022년 지방선거 기간에는 AI 시스템이 선거 관련 키워드 기반 악성 트래픽을 조기에 탐지해 허위 정보 유포와 DDoS 공격을 차단하는 데 핵심적인 역할을 했다.

또한 일부 국내 금융기관과 통신사는 자체 AI 보안관제센터(Security Operations Center, SOC)를 운영하며, 실시간 침입 탐지 시스템, 보안 이벤트 관리(Security Information and Event Management, SIEM), 위협 인텔리전스 분석 기능을 통합해 운영 중이다. 이를 통해 고객 정보 유출과 서비스 장애에 대한 선제적 대응이 가능해지고 있다.

해외에서도 유사한 흐름이 확산되고 있다. 이스라엘은 세계적으로 가장 앞선 사이버 보안 및 안보 기술을 보유한 국가 중 하나로, 국방과 민간 부문 모두에 AI 기반 보안 기술을 전략적으로 통합하고 있다. 예컨대 이스라엘의 사이버 보안 스타트업 다크트레이스(Darktrace)는 머신러닝 기반 '자율 방어 시스템'을 개발해 내부 네트워크에서 발생하는 비정상적 행위를 실시간으로 탐지하고 자동으로 차단하는 시스템을 전 세계에 공급하고 있다.

미국 국토안보부(Department of Homeland Security, DHS)는 AI를 활용해 국가 기반 시설에 대한 사이버 공격을 사전에 예측하고 분석하는 CISA 내에 통합 정보 분석 시스템을 운영 중이며(CISA, 2025), 콜로니얼 파이프라인 공격 당시 AI 기반 이상 탐지 시스템이 초동 대응에 큰 역할을 했다.

정책적 함의

이러한 국내외 사례들은 AI 기술이 단순히 탐지 · 분석 기능을 넘어 국가 사이버 안보 전략의 핵심 구성 요소로 자리 잡고 있음을 시사한다. 특히 다음과 같은 함의를 도출할 수 있다.

첫째, AI의 전략적 통합은 사이버 회복력의 핵심 조건이다. AI는 공격 탐지, 대응, 역추적까지 수행하며, 사이버 회복탄력성을 향상하는 데 결정적인 역할을 한다. 정교한 자동 대응은 사람의 판단 한계를 보완하고, 위기 상황에서의 결정 속도와 정확성을 높인다.

둘째, AI-인간 협업 기반 하이브리드 보안 모델이 필요하다. AI가 모든 공격을 완벽히 탐지할 수는 없기에, 보안 전문가의 판단과 경험이 결합된 하이브리드 대응 체계가 앞으로의 보안 전략에서 핵심이 될 것이다.

셋째, AI 오작동 · 악용 가능성에 대한 대비와 규제 정비가 필요하다. AI 기반 보안 시스템이 오작동하거나 공격자에 의해 역으로 조작될 가능성도 배제할 수 없다. 따라서 AI의 판단 과정에 대한 투명성 확보, 감시 체계 마련, 법・제도 정비가 병행되어야 한다.

넷째, 플랫폼 기업과 정부 간 데이터 공유 및 협력 체계 구축이 필요하다. 사이버 위협 탐지 정확도를 높이기 위해서는 대규모 보안 데이터의 학습과 실시간 공유 체계가 필요하다. 공공과 민간의 경계를 넘나드는 협력 기반 거버넌스 구축이 필수적이다.

VR과 사이버 보안, 탐지 시스템과의 연관성

가상현실(Virtual Reality, VR) 기술의 발전과 확산은 새로운 사용자 경험을 제공하는 동시에 이전에는 존재하지 않았던 새로운 사이버 보안 위협을 동반하고 있다. VR 환경은 다수의 센서, 카메라, 사용자 행동 데이터를 실시간으로 수집하고 분석함으로써 고도의 몰입감을 제공하지만, 동시에 사용자 신원 정보, 생체 정보, 위치 정보 등 민감한 데이터를 포함한 다양한 공격 환경을 제공한다.

예컨대 VR 시스템 내에서 사용자 움직임이나 시선 추적 데이터를 탈취하거나, 가상 공간에 악성 객체를 삽입해 사용자를 공격하는 방식은 기존의 웹 기반 공격과는 차원이 다른 위협을 야기한다. 특히 VR 플랫폼은 보통 별도의 보안 경계를 두지 않거나 애플리케이션 간 통신 구조가 복잡해 기존 탐지 시스템(IDS, SIEM 등)으로는 이상 행위를 식별하기 어려운 경우가 많다.

이에 따라 VR 환경에 특화된 AI 기반 사이버 위협 탐지 시스템의 필요성이 대두되고 있다. 이러한 시스템은 사용자 행동 패턴, 공간 이동, 인터페이스 상호작용 등을 실시간으로 분석해, 정상적인 사용자 행동과 이상 징후를 구분할 수 있어야 한다. 예를 들어 정상 사용자와 다른 불규칙한 이동, 짧은 시간 내 다수 객체 조작, 시스템 설정에 대한 비정상적 접근 등이 감지될 경우, AI는 이를 위협 가능성으로 인식하고 관리자에게 경고를 발송하거나 접근을 차단할 수 있다.

우리나라의 VR 산업 현장에서도 이러한 논의가 진행 중이다. 일부 대학과 민간 연구기관은 VR 기반 원격교육, 군사훈련, 의료 시뮬레이션 등에 활용되는 시스템에서 보안 침해 시뮬레이션을 실험하며, 이상 행위 탐지 기술을 테스트하고 있다.

해외에서는 미국 MITRE와 카네기멜런대학의 CERT 연구소 등이 VR 환경에 특화된 위협 모델과 보안 가이드라인을 개발하고 있으며, VR 환경 내에서 발생 가능한 공간 기반 피싱(가짜 가상 창 또는 UI 삽입 등)이나 디지털 트윈 해킹(현실 공간과 연결된 가상 환경 조작) 등의 사례 분석이 활발히 이뤄지고 있다.

VR 환경에서의 사이버 보안 산업 대응 전략

VR 기술은 게임, 교육, 의료, 제조, 국방 등 다양한 산업 영역에서 빠르게 확산되고 있다. 이와 함께 사용자 몰입도를 높이기 위한 고성능 센서, 실시간 위치 추적, 사용자 행동 데이터 처리 기술의 활용도 증가하고 있다. 그러나 이러한 기술적 진화는 새로운 형태의 사이버 보안 위협을 야기하고 있으며, 기존의 보안 프레임워크로는 효과적인 대응이 어려운 상황이다(임상혁 외, 2018).

이에 따라 VR 기반 서비스를 제공하거나 기술을 개발하는 기업은 다음과 같은 전략적 대응 방안을 고려할 필요가 있다.

첫째는 보안 설계 내재화(security by design)다. VR 콘텐츠와 플랫폼을 설계하는 초기 단계부터 보안을 고려해야 한다. 특히 다음 요소를 우선적으로 반영할 필요가 있다. 생체 기반 인증, 다중 인증을 적용한 무단 접근 방지 등 사용자 인증 강화, 사용자 행동·생체 데이터 수집 시 목적 제한 및 저장 최소화, 악성 오브젝트 삽입이나 시스템 UI 위조를 방지하기 위한 정합성 검사 기능을 내장한 가상환경 무결성 보호 등이 그것이다.

둘째는 AI 기반 이상 탐지 시스템 개발 및 도입이다. VR 환경에서는 전통적인 방화벽이나 네트워크 탐지 시스템만으로는 위협을 식별하기 어렵다. 따라서 기업은 AI 기반 행동 분석 시스템을 도입해 다음과 같은 기능을 실현할 수 있어야 한다. 사용자 또는 봇이 불규칙하게 공간을 이동하거나 인터페이스에 과도하게 접근하는 등의 이상 행동을 실시간으로 탐지해야 한다. 머신러닝 기반의 탐지 시스템을 통해 관리자에게 즉각적인 알림을 전송하거나 필요할 경우 시스템 접근을 제한하는 실시간 위험 경보 및 차단 기능을 갖추어야 한다. 사용자 행동 패턴을 지속적으로 학습함으로써 위협 탐지의 정확도를 점진적으로 향상할 수 있어야 한다.

셋째는 사용자 프라이버시 보호 체계 수립이다. VR 시스템은 시선 추적, 음성 정보, 동작 정보 등 민감한 생체 데이터를 실시간으로 수집하기 때문에 보안뿐 아니라 프라이버시 보호도 핵심 이슈가 된다. 산업계는 프라이버시 정책 고지 및 동의 절차 강화, 가명처리 및 데이터 암호화 기술 적용, 국내외 개인정보보호법[우리나라의 개인정보보호법, 유럽연합의 일반 데이터 보호 규정

(General Data Protection Regulation, GDPR) 등] 준수 체계 마련 등과 같은 조치를 체계화해야 한다.

넷째는 산업 간 · 국가 간 협력 체계 구축이다. VR 관련 사이버 위협은 기술 경계를 넘나드는 복합적 위협으로, 단일 기업 또는 국가 단위로 해결하기 어렵다. 따라서 보안 위협 인텔리전스 공유 네트워크 참여(KISA, CERT, 국제 VR 보안 포럼 등), 공공 · 민간 공동 위협 모의 훈련 실시, 산업 표준화 활동 참여(ISO/IEC 27001, IEEE VR 표준 등)와 같은 협력 전략이 필요하다.

다섯째는 전담 보안 인력 및 조직 역량 강화다. VR 서비스 기업 내에 전문 보안 인력 확보와 훈련 프로그램 운영이 필요하다. VR 특화 보안 교육 프로그램 도입, 시스템 개발자와 보안 담당자 간 협업 체계 구축, 보안 사고 대응 프로토콜 정립 및 정기 훈련 등이 중요하다(권준, 2021).

종합해 보면 VR 환경은 몰입감과 혁신성을 제공하지만 신체 · 정서 · 사생활까지 침투할 수 있는 고위험 사이버 공간이기도 하다. 산업계는 보안을 단순한 기능이 아니라 경쟁력의 일부로 인식해야 하며 하루빨리 AI, 프라이버시 보호, 산업 표준, 협력 기반 대응 체계 등 입체적인 보안 전략을 수립해야 한다. 이러한 전략적 대응은 사용자 신뢰를 확보하고 지속 가능한 확장현실(Extended Reality, XR) 산업 생태계를 조성하는 데 핵심적인 역할을 할 것이다.

참고문헌

권준(2021.2.7). "AR·VR 등 실감콘텐츠의 6가지 보안위협 범주, 어떻게 대응해야 하나". 보안뉴스. https://www.boannews.com/media/view.asp?idx=94771

김경애(2023.6.30). "[2023 AI 보안관제 리포트] 챗GPT로 핫한 AI 기술로 보안위협에 '대반격'". 보안뉴스. https://m.boannews.com/html/detail.html?idx=119552

윤정현(2022). "메타버스 리스크의 국가안보 위협 전망과 시사점". ≪INSS 전략보고≫, 184.

임상혁 외(2018). "가상현실 서비스 환경에서의 보안 고려사항". ≪융합보안논문지≫, 18(3), 11-17쪽.

CISA(2025.1.14). AI Cybersecurity Collaboration Playbook. https://www.cisa.gov/resources-tools/resources/ai-cybersecurity-collaboration-playbook

06
AI 및 딥페이크 기반 로맨스 스캠의 진화

기존의 로맨스 스캠은 온라인상에서 허위 신분으로 친밀한 관계를 형성한 뒤 금전적 이득을 취하는 방식이었지만, 최근에는 AI를 활용한 음성 합성 및 얼굴 변조 기술이 접목되면서 실존 인물처럼 보이는 영상과 정교한 대화를 통해 피해자의 의심을 최소화하고 설득력을 극대화하는 방식으로 진화하고 있다. 이에 따라 기술적 대응과 함께 심리적 · 사회적 차원의 예방 교육의 중요성이 점점 더 부각되고 있다.

AI와 야구?

로맨스 스캠의 정의와 피해 현황

로맨스 스캠(romance scam)은 사랑이라는 의미의 '로맨스'와 신용 사기를 뜻하는 '스캠'의 합성어다. 피해자에게 일정 기간 동안 SNS, 이메일, 메시지 등을 통해 호감을 표시하면서 감정적 교류를 맺으며 접근한 뒤 신뢰를 쌓고 다양한 방법으로 돈을 요구하여 가로채는 신종 사기 범죄다. 실제로 다양한 형태를 취할 수 있지만, 로맨스 스캠의 공통점은 사기꾼이 금전적 이득을 위해 낭만적인 관계나 친밀한 우정을 가짜로 만든다는 것이다(FBI, 2025).

일반적으로 로맨스 스캠은 다음과 같은 단계로 진행된다. 먼저 사기범은 가짜 신원을 사용해 낭만적인 관계를 가장하며 피해자에게 접근한다. 이후 피해자와 개인적인 관계를 빠르게 발전시키며, 종종 피해자의 내면적 욕망, 불안, 외로움과 같은 감정적 약점을 노린다. 어느 정도 신뢰와 친밀감이 형성되면 사기범은 피해자에게 가상 화폐 투자, 송금 또는 귀중품 제공 등을 요구한다.

이러한 로맨스 스캠은 대부분 소셜 미디어(SNS)에서 시작된다. 사기범은 외모가 출중하고 전문직으로 보이는 사진을 올려 신뢰를 유도하고, 친구 추천을 통해 접촉을 시도한다. 피해를 예방하기 위해서는 먼저 해당 계정이 최근에 생성되었는지 확인하고, 게시된 사진이 다른 사이트나 계정에서도 사용되고 있는지 구글 이미지 검색 등을 통해 점검하는 것이 중요하다.

로맨스 스캠 가해자들은 일반적으로 여러 개의 가짜 계정을 운영하며, 프로필에 기재된 학력이나 직업도 위조된 경우가 많다. 특히 계정에 직접적으로 학력이나 직업과 관련된 게시물이나 활동 내역이 거의 없거나 부실한 경우, 사기 계정일 가능성이 매우 높다. 따라서 이러한 계정을 접할 경우 각별한 주의가 필요하며, 조금이라도 의심이 들 경우 대화를 중단하고 관련 기관에 신고하는 것이 바람직하다.

국내외 로맨스 스캠 신고 현황

국가정보원 및 경찰청에 접수된 로맨스 스캠 신고 건수는 2018년 50건으로, 피해 금액은 약 9억 3000만 원에 달했다(국가정보원, 2021). 이후 증가세를 보이며 2021년에는 61건으로 늘었고 피해 금액도 약 31억 3000만 원으로 세 배 이상 증가했다(국가정보원, 2021). 특히 2021년을 기점으로 신고 건수와 피해액 모두 급격히 증가하는 양상을 보였으며, 2023년에는 신고 건수가 111건, 피해 금액은 약 48억 6000만 원에 이르렀다. 2024년에는 단 2월부터 6월까지의 집계만으로도 신고 건수가 628건, 피해 금액이 454억 원에 달해 로맨스 스캠의 규모가 폭발적으로 확대되고 있음을 보여 준다(우한솔, 2024).

이 통계는 국가정보원 및 경찰청에 접수된 신고 건수에 기반한 것이며, 사이버 범죄의 특성상 다른 범죄에 비해 신고율이 낮다는 점을 고려할 때 실제 피해 규모는 이보다 훨씬 클 가능성이 높다. 특히 경찰청에 접수된 별도의 사례, 피해 금액을 회수하지 못한 경우 그리고 수치심이나 심리적 부담으로 인해 신고하지 않은 피해자들까지 포함한다면 실제 피해 규모는 공식 통계보다 몇 배 이상 클 것으로 추정된다.

FBI 산하 인터넷 범죄 신고센터(IC3)에 따르면 플로리다 주민들은 2022년에 로맨스 스캠으로 인해 5300만 달러 이상의 피해를 입었다고 보고했으며, 이는 5년 전인 2017년의 1300만 달러에서 크게 증가한 수치다. 2022년 한 해 동안 IC3에는 전국적으로 1만 9000건의 신뢰 사기(confidence fraud) 관련 신고가 접수되었고, 보고된 피해 금액은 최소 7억 3900만 달러에 달했다(FBI, 2024).

2021년 미국 내에서만 로맨스 기반 암호 화폐 스캠으로 인한 피해 금액이 약 4억 2900만 달러에 달했다. 또한 최근 발표된 자료에 따르면 암호 화폐 투자 사기로 인한 피해 금액은 전년 대비 183퍼센트 증가해 26억 달러에 육박한 것으로 추산되고 있다.

AI로 진화한 로맨스 스캠

최근 로맨스 스캠은 AI와 딥페이크 기술을 적극 활용하며 더욱 정교해지고 있다(국가정보원, 2021). 사기범들은 SNS에 게시된 사진 등을 딥페이크 기술로 가공한 얼굴을 프로필로 사용해 피해자에게 접근한다. 딥페이크는 AI 기술을 이용해 사진이나 영상에 다른 이미지를 중첩 · 결합함으로써 실제 존재하지 않는 새로운 이미지나 영상을 생성하는 기술이다(국립국어원).

가상의 인물은 혈액형, 가족관계, 학력, 재산 수준 등 세부적인 설정까지 정교하게 준비되어 있으며, 이는 피해자에게 신뢰를 주기 위한 요소로 작용한다. 2025년 4월 울산시에서 검거된 한 사례에서는 서울 강남구의 40억 원대 아파트에 거주하는 34세 여성을 가장한 가상 인물이 등장했다. 이 인물은 약 100여 명에게 접근해 총 120억 원에 달하는 금액을 가로챈 것으로 밝혀졌다.

해당 가상 여성은 고위 군인 출신 아버지를 둔 외동딸로 설정되었으며, 필라테스와 골프를 즐기는 밝고 긍정적인 성격의 ESFJ 유형으로 묘사되었다. 직접적으로 주식이나 가상 화폐 투자를 권유하지는 않았지만, "함께 투자 공부를 하자"는 식의 접근을 통해 피해자를 자신들이 조작한 가상의 투자 전문가 유튜브 강의로 유도했다. 해당 강의 영상에는 조직원들이 "믿을 만한 강의", "정말 도움 됐다"는 등의 댓글을 실시간으로 달아 신뢰를 유도했으며, 이후 피해자와 가상의 전문가를 연결해 투자를 유도했다. 이들은 실제 금융회사 이름을 도용한 가짜 투자 사이트와 앱까지 만들어 피해자를 기만한 것으로 드러났다(김근주, 2025).

돼지 도살 투자 사기

'돼지 도살(Pig Butchering) 투자 사기'는 로맨스 스캠과 암호 화폐 투자 사기가 결합된 신종 사기 수법으로, 피해자들과 신뢰 관계를 형성한 뒤 가짜 암호 화폐 거래소 사이트에 전 재산을 투자하게 하거나 대출을 유도해 거액을 가로채는 방식이다(Wang, 2024). 가해자들은 자신들이 통제 가능한 허위 암호 화폐 지갑이나 웹사이트로 피해자의 자산을 유입시키며, 점점 더 많은 금액을 유도한 뒤 이를 한꺼번에 탈취한다. 이 수법은 마치 돼지를 살찌운 뒤 도살해 많은 고기를 얻는다는 데서 착안해 '돼지 도살'이라는 이름이 붙었으며, 그 어원은 중국어 표현

'殺豬盤(Sha zhu pan)'에 기반한다.

범죄자들은 피해자와 개인적인 친분을 쌓은 후, 초기에는 지속적인 투자 수익을 보여 주며 신뢰를 형성하고, 점점 더 큰 금액의 투자를 유도한다. 이 과정에서 '로맨스' 요소도 활용되어 피해자들이 사랑과 신뢰에 눈이 멀고, 초기에 얻은 수익에 대한 욕심으로 결국 고위험 투자에 뛰어들게 된다. 그렇게 투자된 자금은 사설 거래소를 통해 가해자들의 손에 넘어가고, 흔적도 없이 사라진다.

로맨스 스캠 피해 예방을 위한 주의 사항

로맨스 스캠은 SNS와 메신저 등을 통해 감정적 유대감을 형성한 뒤 금전적 피해를 유도하는 사이버 범죄로, 최근에는 AI와 딥페이크 기술까지 활용되어 점점 더 정교해지고 있다. 이를 예방하기 위해서는 개인의 경각심과 기본적인 보안 수칙 준수가 매우 중요하다.

우선 SNS에 지나치게 많은 개인정보나 사생활을 노출하지 않도록 주의해야 한다. 로맨스 스캠 범죄자들은 SNS에서 수집한 정보를 바탕으로 피해자의 신뢰를 얻고, 맞춤형 접근을 시도하는 경우가 많다. SNS를 통해 알게 된 인물이 금전이나 금융정보를 요구할 경우 즉각 경계심을 갖고 대응해야 하며, 상대의 신원이 확실히 확인되지 않은 상태에서 돈을 보내서는 안 된다.

특히 의심스러운 상황이나 갑작스러운 금전 요구가 발생할 경우, 상대방의 신원을 철저히 확인하고, 한 번 더 생각하는 신중함이 필요하다. 로맨스 스캠을 당했거나 의심이 드는 경우에는 경찰이나 사이버 범죄 수사기관에 즉시 신고하는 것이 중요하다.

또한 다음과 같은 구체적인 수칙을 기억하는 것이 중요하다. 낯선 사람에게 금융정보를 공유하거나 돈을 보내지 말아야 한다. 공공기관이나 금융기관은 민감한 금융정보를 요구하지 않으며, 어떤 이유로든 모르는 사람이 계좌 정보나 송금을 요구한다면 무조건 거절해야 한다. 개인 사진을 보내지 말아야 한다. 사기범은 피해자의 사진을 이용해 협박하거나, 딥페이크 기술로 2차 범죄에 악용할 수 있다. 스마트폰이나 SNS 계정이 해킹될 경우 사진이 유출될 위험이 있으므로 스마트폰과 PC의 보안 상태도 정기적으로 점검해야 한다.

상대방의 언행이 어색하거나 어눌한지 확인하는 것도 중요하다. 사기범들은 실제로는 비서구권에 있으면서 영어권 국가에 거주하는 것처럼 가장하는 경우가 많고, 번역기 특유의 어색한 문장이나 철자 오류가 반복되는 경우도 흔하다. 최근에는 일본인 여성을 사칭해 한국 남성에게 접근하는 사례도 보고되고 있으며, 사기범들은 외국인일 경우 대개 번역기를 사용하기 때문에 언어 표현의 부자연스러움에 주의해야 한다.

관계를 천천히 발전시키고, 이상한 점이 있다면 주저하지 말고 질문하며 확인하는 태도가 중요하다. 상대가 너무 이상적으로 보이거나, 지나치게 빠르게 친밀감을 형성하고자 하거나, 대화를 이메일이나 다른 플랫폼으로 유도하거나, 가족 및 친구와의 소통을 단절시키려 한다면 이는 사기의 신호일 수 있다.

FBI에 따르면 타인의 계좌를 이용한 송금이나 자금 이동을 부탁받는 행위는 '머니 뮬(Money Mule)' 범죄에 해당할 수 있으며, 이는 형사 처벌로 이어질 수 있는 중대한 범죄다(FBI, 2024).

로맨스 스캠은 단순한 감정적 기만을 넘어 재산과 개인정보, 정신적 피해까지 야기할 수 있는 중대한 사이버 범죄다. 예방을 위한 작은 주의가 큰 피해를 막을 수 있다. 특히 최근 증가하고 있는 AI 기반 로맨스 스캠은 전통적인 사기 수법에 최신 기술이 결합된 형태로, 피해자에게 더욱 정교하고 설득력 있게 다가오며, 단순한 감정적 기만을 넘어 금전적 손실과 심각한 심리적 상처를 남긴다. 딥페이크, 음성 합성, 맞춤형 메시지 생성 등 AI 기술은 사기범들이 신뢰를 빠르게 형성하고 정체를 감추는 데 활용되고 있으며, 이로 인해 피해자는 속기 쉽고 의심하기 어려운 상황에 놓인다. 이러한 위협에 대응하기 위해서는 개인의 보안 인식 강화와 함께 사회적 차원의 교육과 기술적 감시 체계가 병행되어야 한다(Lee, 2021; Lee, 2022; Lee & Kim, 2023). AI 기술이 진화할수록 이에 맞선 디지털 리터러시와 경계심 역시 진화해야 하며, 결국 이는 스스로를 지키는 가장 강력한 방어 수단이 될 것이다.

참고문헌

국가정보원(2021.12.8). "「국제범죄 위험 알리미」 제3호–"진화하는 '로맨스 스캠' 주의"". https://www.nis.go.kr/CM/1_4/view.do?seq=197

국립국어원. "딥페이크". https://www.korean.go.kr/front/imprv/refineView.do?mn_id=158&imprv_refine_seq=20745

김근주(2025.4.30). "딥페이크로 120억 뜯은 로맨스스캠 조직…장애인·노인도 속여". 연합뉴스. https://www.yna.co.kr/view/AKR20250430069400057?input=1195m

우한솔(2024.7.15)."경찰 '로맨스 스캠' 피해 첫 집계…상반기 피해액만 4백억대". https://news.kbs.co.kr/news/pc/view/view.do?ncd=80118

95
주말레이시아 대한민국 대사관(2024.2.21). “로맨스 스캠 주의 당부 안내”.
https://overseas.mofa.go.kr/my-ko/brd/m_1923/view.do?seq=1346695

FBI(2024.2.13). Beware of Romance Scammers Looking for More Than Love.
https://www.fbi.gov/contact-us/field-offices/jacksonville/news/beware-of-romance-scammers-looking-for-more-than-love

FBI(2025). How we can help you: Romance scams.
https://www.fbi.gov/how-we-can-help-you/scams-and-safety/common-frauds-and-scams/romance-scams

Lee, C. S.(2021). Online Fraud Victimization in China: A Case Study of Baidu Tieba. *Victims & Offenders, 16*(3), pp.343-362.

Lee, C. S.(2022). How online fraud victims are targeted in China: A crime script analysis of Baidu Tieba C2C fraud. *Crime & Delinquency, 68*(13-14), pp.2529-2553.

Lee, C. S. & Kim, J. H.(2023). How victims perceive fear of cybercrime: Importance of informed risk. *Criminal Justice Studies, 36*(3), pp.206 – 227.
https://doi.org/10.1080/1478601X.2023.2254099

Wang, F.(2024). Victim-offender overlap: The identity transformations experienced by trafficked Chinese workers escaping from pig-butchering scam syndicate. *Trends in Organized Crime.*
https://doi.org/10.1007/s12117-024-09525-5

07
AI, 블록체인, 가상 화폐를 활용한 사이버 범죄

AI, 블록체인 그리고 가상 화폐의 결합은 전통적인 사이버 위협의 양상을 변화시키며, 동시에 새로운 보안 가능성과 대응 전략의 필요성을 제기하고 있다. 이들 기술의 융합은 자동화된 공격, 스마트 계약을 악용한 범죄, 블록체인을 통한 자금 세탁 등 복합적이고 정교한 사이버 위협을 만들어 내는 한편, 투명한 거래 추적과 분산형 보안 구조 같은 긍정적인 보안 도구로서의 잠재력도 함께 내포하고 있다.

AI와 윤동주?

가상 화폐와 사이버 범죄, 사이버 보안

가상 화폐는 지폐나 동전과 같은 물리적 실체 없이, 네트워크로 연결된 특정 가상 공간에서 전자적 형태로 사용되는 디지털 화폐 또는 전자 화폐를 의미한다(박선종, 2019). 최근 AI, 블록체인, 가상 화폐의 융합은 전례 없는 사이버 위협을 초래하는 동시에, 새로운 보안 전략과 기술을 가능하게 하는 혁신적인 기회를 제공하고 있다. 이러한 기술들의 결합은 단순한 기술 발전을 넘어 사이버 보안의 개념과 대응 방식에 근본적인 전환을 가져오고 있으며, 보안 정책과 시스템 설계 전반에 걸친 재고가 요구되고 있다.

한편으로는 사이버 범죄자들이 AI와 가상 화폐를 활용해 더욱 정교하고 추적이 어려운 범죄 수법을 개발하고 있다. 예를 들어 인공지능을 통해 자동화된 피싱 메시지 생성, 악성 코드 확산, 표적 맞춤형 사회공학 기법 등이 가능해졌으며, 가상 화폐는 이 과정에서 범죄 수익을 세탁하거나 익명으로 전송하는 수단으로 활용된다. 특히 다크웹에서의 불법 거래는 블록체인 기술의 탈중앙성과 익명성을 기반으로 더욱 활발해지고 있으며, 이는 수사기관의 추적을 어렵게 만드는 주요인 중 하나다.

하지만 동시에 이러한 기술들은 사이버 보안을 강화

할 수 있는 중요한 기회를 제공한다. 블록체인은 분산 원장 기술(Distributed Ledger Technology, DLT)을 통해 데이터의 무결성과 투명성을 보장하며, 시스템 조작이나 위조를 방지하는 데 탁월한 장점을 지닌다. 여기에 AI를 접목하면 블록체인상에서의 이상 거래 탐지, 스마트 계약의 보안성 검증, 해킹 시도 실시간 모니터링 등 더욱 정교한 보안 체계를 구축할 수 있다. 예컨대 AI는 블록체인 내 수천 건의 거래 중 의심스러운 패턴을 빠르게 식별하고 경고할 수 있으며, 블록체인은 이러한 기록을 변경 불가능한 형태로 저장해 법적 증거로도 활용할 수 있게 한다.

또한 AI와 블록체인을 함께 활용한 '자율 보안 시스템'은 향후 사이버 방어 전략의 핵심이 될 가능성이 크다. 이러한 시스템은 해킹 공격이 감지될 경우 자동으로 보안 규칙을 업데이트하고, 블록체인 기술을 통해 그 변경 사항을 실시간으로 기록 · 공유함으로써 전체 네트워크의 대응 속도와 정확도를 높일 수 있다.

결국 AI, 블록체인, 가상 화폐의 융합은 양날의 검처럼 작용하며, 이를 어떻게 설계하고 관리하느냐에 따라 보안 환경의 미래가 달라질 수 있다. 사이버 보안 정책 수립자와 기술 개발자는 기술적 진보가 윤리적 · 사회적 책임과 함께 발전할 수 있도록 균형 잡힌 접근을 해야 한다.

북한 관련 가상 화폐 기반 사이버 범죄 사례

북한은 국제 제재로 인한 외화 부족 문제를 해결하기 위해 사이버 공격과 가상 화폐 해킹을 주요 전략으로 활용하고 있으며, 대표적인 해커 조직으로는 라자루스 그룹(Lazarus Group)이 있다. 2017년 발생한 워너크라이(WannaCry) 랜섬웨어 공격은 북한이 배후로 지목된 대표 사례로, 전 세계 수십만 대의 컴퓨터를 감염시키고 비트코인을 몸값으로 요구했다(문정후, 2022). 미국과 영국 정부는 해당 공격의 배후로 라자루스 그룹을 공식 지목했다.

이후에도 북한은 다양한 수법으로 대형 암호 화폐 해킹을 감행해 왔다. 2022년에는 블록체인 게임 액시 인피니티(Axie Infinity)의 이더리움 사이드체인인 로닌 네트워크(Ronin Network)를 해킹해 약 6억 2000만 달러 상당의 이더리움과 스테이블 코인을 탈취했고, 미국 재무부는 이 역시 라자루스 그룹의 소행으로 공식 발표했다. 같은 해에는 크로스체인 브리지 서비스인 하모니(Harmony)의 허라이즌 브리지(Horizon Bridge)를 해킹해 1억 달러 상당의 암호 화폐를 탈취했으며, 미국 FBI는 이를 라자루스와 연계된 APT38의 소행으로 분석했다(김보미, 2022).

이들 해킹 사건에서는 공통적으로 탈취한 자산을 토네이도 캐시(Tornado Cash)와 같은 믹싱 서비스를 통해 세탁하려는 시도가 확인되었으며, 이는 자금 흐름 추적을 어렵게 만들기 위한 전략으로 해석된다. 북한은 해킹 수단으로 제로데이 취약점이나 피싱 공격을 활용하고 있으며, 해킹된 암호 화폐는 지하 시장과 탈중앙화 금융(Decentralized Finance, DeFi)을 통해 은닉 및 현금화하고 있다.

이처럼 북한은 암호 화폐 해킹을 체계적인 국가 전략으로 활용하고 있으며, 국제사회의 경제 제재를 우회하고 외화를 확보하기 위한 핵심 수단으로 사이버 범죄를 지속적으로 수행하고 있다. 이에 국제 사회는 관련 거래 추적 강화, 믹싱 서비스 규제, 범정부적 대응 체계 마련 등의 방안을 통해 대응하고 있다.

테라·루나 사태

테라 · 루나(Terra · LUNA) 사태는 가상 화폐 역사상 가장 큰 폭의 폭락과 피해를 초래한 사건 중 하나로, 한국발 가상자산 프로젝트의 실패가 글로벌 금융 시장에 미친 영향을 보여 준 대표적 사례다. 2022년 발생한 이 사건은 사기적 요소와 구조적 결함, 규제 공백이 복합적으로 작용한 신뢰 붕괴형 금융 사고로 평가된다.

1달러 가치의 테라를 유지하기 위해 시장 가격이 1달러보다 높으면 루나를 발행해 테라를 사들였고, 낮으면 루나를 소각해 공급을 줄이는 알고리즘을 사용했다. 2022년 5월, 테라 가격이 1달러 아래로 떨어지기 시작하면서 디페깅(de-pegging)이 발생했다. 디페깅 방지를 위해 루나를 대량 발행하자 루나 가격도 폭락하는 현상이 발생했다. 이에 루나 가격은 80달러에서 0.0001달러 이하로 폭락했고, 시가총액 역시 400억 달러 이상 증발했다(이지은, 2022). 이로 인해 국내외 수백만 명의 투자자들이 막대한 손실을 입었고, 일부는 극단적인 선택을 하기도 했다(양민철, 2022; 허란, 2022).

이 사건과 관련된 문제점은 다음과 같이 정리할 수 있다. 첫째는 알고리즘 스테이블 코인의 구조적 한계다. 테라는 루나와의 연동만으로 1달러 가치를 유지하려는 알고리즘 기반 스테이블 코인이었다. 담보 없는 알고리즘 기반 스테이블 코인은 극단적인 시장 상황에서 쉽게 붕괴된다. 이는 "테라 가격이 떨어지면 루나를 소각해 공급을 줄이고, 테라를 다시 1달러로 회복한다"는 구조로, 신뢰 기반으로 작동했다. 그러나 대규모 매도가 발생하자 테라는 1달러 아래로 디페깅되었고, 이를 막기 위한 루나 발행이 폭발적으로 증가하면서 루나의 가치도 함께 폭락했다. 이 구조는 일종의 자기잠식적 악순환(death spiral)을 일으켰다.

둘째는 탈중앙화 시스템의 책임 공백이다. 이 사태로 인해 블록체인의 탈중앙성은 장점이자 한계라는 점이 명백히 드러났다. 테라 생태계는 표면적으로는 탈중앙화된 구조였지만, 실질적으로는 테라폼랩스(Terraform Labs)와 권도형 테라폼랩스 대표의 권한 집중이 강했다. 그러나 법적으로는 "중앙 관리자 없음"을 내세워 책임을 회피할 수 있는 구조여서 규제와 보호가 작동하지 않는 회색지대가 존재했다.

셋째, 테라폼랩스 권 대표는 투자자들에게 과장된 수익을 보장하고, 프로젝트에 내재한 리스크를 충분히 공개하지 않은 혐의로 한국 검찰과 미국 증권거래위원회(Securities and Exchange Commission, SEC)에 의해 각각 자본시장법 위반과 증권법 위반 혐의로 기소되었다. 권도형은 2023년 몬테네그로에서 위조 여권을 사용한 혐의로 체포되었으며, 현재 한국과 미국 양국이 범죄인 인도를 요청한 상태다. 권도형에 대한 수사는 단순한 프로젝트의 실패를 넘어 가상 화폐 생태계 내에서의 고의적 사기 여부를 가리는 중요한 국제법적 쟁점으로 확산되고 있다.

넷째, 테라 · 루나 사태는 한국을 포함한 글로벌 금융 당국이 가상 화폐를 제도권 금융 자산으로 명확히 규정하지 못한 상황에서 발생해 투자자 보호에 실패한 대표적인 사례로 평가된다. 가상 화폐가 지닌 탈중앙화라는 기술적 특징은 거래의 자유와 중개자 없는 시스템이라는 장점을 내세우지만, 사기와 같은 위험 요소를 효과적으로 통제하거나 극복하지 못할 수 있다는 한계를 드러냈다. 특히 다수의 국내 투자자들이 루나와 테라에 투자했음에도 불구하고 피해를 보상받을 수 있는 법적 장치가 부족했으며, 당시 국내 거래소들은 급락 상황에서도 별다른 경고 시스템이나 상장폐지 조치 없이 거래를 지속해 투자자 피해를 가중시켰다. 투자 피해에 대한 보상이 실시되었음에도 불구하고 우리나라 피해자들은 정보 미흡으로 보상 대상에서 소외되고 있다(채민석, 2025). 이는 거래소에 대한 감독과 책임 체계의 부재를 보여 주는 사례로, 향후 제도 개선과 규제 강화의 필요성을 강하게 시사한다.

정책적인 측면에서 보면, 이 사태를 계기로 우리나라

에서는 '디지털 자산 기본법' 제정 논의가 본격화되었다. 아울러 금융위원회는 향후 증권형 토큰(Security Token Offering, STO)과 비증권형 가상자산을 구분해 이원화된 규제 체계를 도입하겠다는 방침을 밝혔다.

가상 화폐를 악용한 사이버 범죄의 확산과 금융 보안의 과제

AI, 블록체인 그리고 가상 화폐의 융합은 금융 보안 분야에 새로운 도전과 기회를 동시에 제시하고 있다. 특히 금융 산업은 디지털 전환이 빠르게 이루어지는 영역 중 하나로, 이 세 가지 기술의 결합은 자산 관리, 거래 시스템, 사기 방지, 신원 인증 등 다양한 측면에서 금융 보안의 패러다임을 재구성하고 있다.

우선 위협 측면에서 보면, 사이버 범죄자들은 AI와 가상 화폐를 활용해 고도화된 금융사기 수법을 구현하고 있다. 예를 들어 AI는 고객의 통화 패턴이나 메시지 스타일을 학습해 실제 인물인 것처럼 가장한 보이스피싱과 메신저 피싱 공격을 수행할 수 있다. 여기에 블록체인 기반의 가상 화폐가 결합되면, 범죄 수익을 실시간으로 전 세계로 전송하고 세탁하는 것이 더욱 쉬워진다. 특히 탈중앙화된 거래소(Decentralized Exchange, DEX)와 프라이버시 코인(Privacy Coins)의 사용은 거래 추적을 어렵게 만들어 금융 당국의 대응을 더욱 복잡하게 만든다.

그러나 이러한 기술들은 동시에 금융 보안을 획기적으로 강화할 수 있는 수단이기도 하다. AI는 금융 시스템 내 이상 거래 감지를 자동화하고 고도화함으로써 실시간 모니터링과 선제적 대응을 가능하게 한다. 예를 들어 AI 기반 이상금융거래 탐지 시스템은 고객의 평소 거래 패턴을 학습한 뒤, 비정상적인 이체나 로그인 시도를 빠르게 감지하고 자동으로 거래를 차단하거나 경고를 발송할 수 있다.

블록체인은 신뢰 기반의 금융 인프라 구축에 핵심적인 역할을 한다. 모든 거래 기록이 변조 불가능한 형태로 저장되기 때문에 거래의 투명성과 책임성을 보장할 수 있다. 특히 스마트 계약은 계약 조건을 자동으로 실행하고 기록함으로써 금융 거래 과정에서의 인간 오류나 조작 가능성을 줄여 준다. 또한 분산 원장 기술은 중앙 서버에 대한 의존도를 낮추고 시스템 공격 시에도 복구가 가능한 복원력을 제공한다.

가상 화폐 기술 역시 금융의 탈중앙화를 가능하게 하며, AI 및 블록체인과 결합될 경우 디지털 자산의 실시간 감시, 규제 준수(Anti-Money Laundering, AML/Know

Your Customer, KYC), 자동 세금 보고 등 금융 규제와 보안이 보다 효율적으로 이루어질 수 있다. 최근 일부 국내외 금융기관은 AI 기반 블록체인 분석 설루션을 활용해 암호 화폐 거래의 자금 세탁 가능성을 분석하고, 규제 기관과의 정보 공유 체계를 구축하고 있다.

우리나라에서는 금융위원회, 금융감독원 그리고 한국인터넷진흥원이 중심이 되어 AI 및 블록체인 기술을 활용한 금융 보안 시스템 구축을 추진하고 있으며, 은행 및 핀테크 기업들도 자체적으로 관련 기술 개발 및 적용을 확대하고 있다. 예컨대 시중은행들은 AI를 활용한 고객 신원 인증, 이상금융거래 탐지 시스템, 블록체인 기반 송금 서비스 등을 도입하며 디지털 전환과 보안 강화를 동시에 추구하고 있다.

결국 AI와 블록체인, 가상 화폐의 융합은 금융 보안의 새로운 표준을 만들어 가고 있으며, 이 기술들을 어떻게 설계하고 통제하느냐에 따라 금융 산업의 신뢰성과 지속 가능성이 결정될 것이다. 향후 기술 발전과 함께 윤리적 기준, 데이터 보호, 국제 공조 체계 등 복합적인 대응 전략이 필수적으로 요구될 것이다.

우리나라 금융기관들의 보안 시스템 사례

AI, 블록체인 그리고 가상 화폐 기술의 융합은 이론적 가능성을 넘어 실제 우리나라 금융기관들의 보안 시스템에 적용되며 가시적인 성과를 내고 있다.

예를 들어 신한은행은 AI 기반 이상금융거래 탐지 시스템을 고도화해 실시간 거래 모니터링에 활용하고 있다. 고객의 평소 거래 패턴을 학습한 후, AI가 비정상적인 이체나 해외 송금, 로그인 시도를 자동 감지해 즉시 보안 알림을 발송하고 거래를 일시 중단하는 시스템을 운영 중이다(김국헌, 2024). 또한 AI 챗봇을 통해 고객 대응 속도를 높이는 동시에 보안 인증 단계에서도 AI 기술을 접목해 사용자의 행동 패턴 분석 기반 인증 기술을 시험 중이다(박훈, 2025).

KB국민은행은 블록체인 기술을 활용한 'KB 모바일 인증서'를 개발해 기존 공인인증서보다 안전하고 편리한 사용자 인증 체계를 제공하고 있다. 해당 인증서는 블록체인의 분산 원장 기술을 기반으로 하며, 위조나 변조가 어려운 구조로 설계되어 금융 거래의 신뢰성을 높이고 있다. 아울러 KB국민은행은 AI를 결합한 자금 세탁 방지 시스템을 도입해 암호 화폐를 활용한 고위험 거래 및 자금 흐름을 실시간으로 분석하고 있다(박훈, 2025).

우리은행은 국내 최초로 블록체인 기반 해외 송금 서비스를 시범적으로 도입했으며, AI 기반 이상 거래 탐지와 연계해 외환 사기나 거래 위조 가능성을 사전에 차단하고 있다. 블록체인 기술을 적용한 이 서비스는 기존 국제 송금보다 처리 속도가 빠르고 수수료가 저렴하며, 거래 내역의 투명성까지 확보할 수 있다는 장점이 있다(박훈, 2025).

또한 NH농협은행은 가상자산 관련 리스크 대응 강화를 위해 AI 기반 '가상자산 거래소 리스크 진단 시스템'을 개발해 자체 적용 중이다. 이 시스템은 가상자산 거래소의 자금 세탁 가능성, 이상 거래 유형, 보안 수준 등을 분석해 은행의 거래 연계 여부를 판단하는 데 활용된다. NH농협은행은 이를 통해 은행권에서 발생할 수 있는 2차 피해와 규제 리스크를 사전에 관리하고 있다(배태호, 2025).

이와 같은 사례들은 AI · 블록체인 · 가상자산 기술이 단순한 실험 단계를 넘어 실제 금융 보안 인프라에 통합되어 운영되고 있음을 보여 준다. 특히 한국 금융기관들은 기술을 도입할 뿐 아니라 규제 당국(금융위원회, 금융감독원 등)과 협력하면서 보안성과 합법성을 동시에 확보하려는 노력을 지속하고 있다.

이러한 기술 진보는 금융 소비자의 신뢰를 높이고 금융 범죄에 대한 선제적 대응 능력을 강화하는 데 핵심적인 역할을 하고 있다. 앞으로 금융기관 간 정보 공유, 국제 보안 협력, 윤리적 AI 도입 등의 이슈도 함께 고려하는 더욱 통합적인 금융 보안 전략이 요구될 것이다.

참고문헌

김국헌(2024.6.5). "신한은행, 이상 금융거래 탐지시스템(FDS) 고도화". Smart Today. https://www.smarttoday.co.kr/news/articleView.html?idxno=51851

김보미(2022). "북한의 암호화폐 공격과 미국의 대응". ≪INSS 전략보고≫, 191.

문정후(2022.5.14). "워너크라이 랜섬웨어 사태 5주년을 기념하며". 보안뉴스. https://m.boannews.com/html/detail.html?tab_type=1&idx=106772

박선종(2019). "가상화폐의 법적 개념과 지위". ≪일감법학≫, 42, 145-165쪽.

박훈(2025.1.24). "2025년 국내 은행 AI 활용 전망". Samsung SDS. https://www.samsungsds.com/kr/insights/ai-in-banking-in-2025.html

배태호(2025.3.24). "NH농협은행, 인공지능 기반 신용감리 도입…리스크 관리 강화". 파이낸셜포스트. https://www.financialpost.co.kr/news/articleView.html?idxno=222841

양민철(2022.6.6). “[테라·루나, 암호를 풀다]④ -99% 기록적 폭락, 사건의 전말은”. KBS News.
https://news.kbs.co.kr/news/pc/view/view.do?ncd=5478801

이지은(2022.6.3). “[테라·루나, 암호를 풀다]① 테라에 1억 투자..대체 뭘 믿고?”. KBS News.
https://v.daum.net/v/E6iqF26U9q

채민석(2025.4.24). “테라·루나 피해보상 시작됐는데⋯ 韓 투자자들, 정보 소외에 ‘발 동동’”. 서울경제.
https://www.sedaily.com/NewsView/2GRNATN3ZT

허란(2022.5.28). “역대급 ‘코인 붕괴’ 왜 발생했나⋯루나 사태 A to Z [긱스]”. 한경 Geeks.
https://www.hankyung.com/article/202205259979i

08
AI와 사이버 보안 전문가

사이버 보안 전문가들은 AI 기술을 활용해 사이버 위협을 보다 정밀하게 식별하고 신속하게 대응한다. AI는 방대한 보안 데이터를 분석하는 과정을 자동화하고, 이상 징후를 조기에 탐지해 보안 분석의 효율성과 예측 능력을 크게 높여 전문가들의 대응 역량을 한층 강화한다. 이러한 전문성과 기술 기반 대응 능력을 실전에서 점검하고 향상하기 위한 핵심 활동이 바로 사이버 대응 모의 훈련이다.

AI와 한의학?

AI 시대의 사이버 보안 전문가들

사이버 보안 전문가들은 AI 기술을 활용해 점점 더 정교해지는 사이버 위협을 식별하고, 이에 효과적으로 대응하고 있다. AI는 방대한 데이터를 신속하게 분석하고, 공격 패턴을 실시간으로 탐지할 수 있는 능력을 바탕으로 보안 전문가들의 분석 과정을 효율화하고 위협 인식의 정확도와 예측 능력을 크게 향상한다.

특히 반복적인 보안 로그 분석이나 네트워크 모니터링과 같은 작업을 AI가 자동화해 전문가들은 보다 고차원적인 의사결정과 전략 수립에 집중할 수 있게 된다. 예를 들어 머신러닝 기반 알고리즘은 악성 코드의 변종이나 비정상적인 트래픽을 신속히 식별하며, 과거 공격 데이터를 학습해 새로운 유형의 공격 가능성까지 예측할 수 있다.

또한 AI는 사이버 보안 사고 대응 과정에서도 중요한 역할을 한다. 자동화된 탐지 시스템은 실시간 경고를 제공할 뿐만 아니라, 선제적 방어 조치를 제안하거나 스크립트를 자동 실행해 위협의 확산을 신속히 차단할 수 있다. 이를 통해 사고 대응 시간이 단축되고, 피해 범위도 최소화될 수 있다. 예를 들어 확장된 탐지 및 대응 보안(Extended Detection and Response, XDR) 시스템이나 보안 오케스트레이션, 자동화 및 대응(Security Orchestration, Automation, and Response, SOAR) 플랫폼은 AI와 보안 전문가의 협업을 기반으로 복합적인 위협에 대한 통합적이고 효율적인 대응을 가능하게 한다.

아울러 AI는 사이버 보안 교육 및 훈련에도 활발히 활용되고 있다. 시뮬레이션 기반 AI 훈련 시스템은 실제 공격 시나리오를 기반으로 사이버 보안 전문가의 대응 역량을 강화하며, 위협 모델링과 리스크 평가에도 실질적인 도움을 준다. 이는 사이버 전장에서 전문가들이 전략적으로 사고하고, 복합적인 위협 상황에 유연하게 대응할 수 있도록 지원하는 데 크게 기여하고 있다.

결과적으로 AI는 이제 사이버 보안 전문가들의 '보조 도구'를 넘어 그들의 역량을 증폭시키는 핵심 파트너로 자리매김하고 있다. 그러나 AI의 결정에 대한 신뢰성과 해석 가능성 그리고 인간 전문가의 개입도 여전히 중요하다. 따라서 앞으로의 사이버 보안 전략에서는 "AI + 사람"의 협업 구조를 어떻게 설계하고 운영할 것인가가 핵심 과제로 부상하고 있다.

사이버 보안 전문가 유형

AI 기술이 사이버 위협 탐지와 대응에 적극 활용되면

서 이에 특화된 다양한 전문가 유형이 새롭게 부각되고 있다.

사이버 위협 인텔리전스 분석가

사이버 위협 인텔리전스 분석가는 AI 기반 위협 데이터 분석 도구를 사용해 공격 패턴을 식별하고, 위협 행위자의 행동을 분석하고 예측하며, 머신러닝으로 수집된 방대한 로그와 이상 징후를 해석해 경고 신호를 도출한다(Microsoft, 2025). 이들에게 기대되는 주요 역량으로는 위협 행위자(Tactics, Techniques, and Procedures, TTPs)에 대한 지식, Python, R 등을 활용한 데이터 분석 능력, AI 분석 도구 활용 능력(MITRE ATT&CK, ThreatConnect) 등이 있다. 글로벌 금융기관의 보안 분석가는 AI 기반 인텔리전스 플랫폼을 활용해 러시아 해커 그룹의 내부 침투 징후를 조기에 감지해 공격을 차단한 사례가 있다.

보안 데이터 과학자

보안 데이터 과학자는 방대한 보안 로그와 네트워크 데이터를 분석해 머신러닝 모델을 개발하고, 악성 코드를 탐지하며, 사용자 이상행위 탐지(User and Entity Behavior

Analytics, UEBA) 알고리즘을 설계하고, 위협 탐지 정확도를 높이고 위음성(false positive)을 감소하는 데 기여한다. 이 직무에 기대되는 핵심 역량으로는 통계·수학·기계학습 알고리즘에 대한 이해, 보안 도메인 지식과 데이터 처리 능력(SIEM 로그, DNS 트래픽 분석 등), 모델 배포 및 성능 최적화 역량 등이 있다. 실제로 한 보안 스타트업은 보안 데이터 과학자를 중심으로 AI 기반 이메일 피싱 탐지 모델을 개발해 92퍼센트의 탐지율과 40퍼센트 이상의 위음성 감소 효과를 달성한 바 있다.

AI 기반 보안 설루션 개발자

AI 기반 보안 설루션 개발자는 딥러닝과 자연어 처리 등을 활용한 보안 소프트웨어를 설계 및 개발하고, 악성 코드를 자동 분석하며, 취약점 자동 진단 설루션을 개발하고, AI 알고리즘을 실제 보안 시스템에 통합하는 등의 역할을 한다. 이들에게 기대되는 역량으로는 TensorFlow, PyTorch 등 딥러닝 프레임워크 활용 능력, 악성 코드 분석 도구 및 자동화 스크립트 개발 능력, DevSecOps 환경에서 AI 모델을 효율적으로 배포하고 운영할 수 있는 실무 기술 등이 있다.

한 미국 보안 기업은 이러한 기술 역량을 바탕으로,

GPT 기반 모델을 활용해 코드 취약점을 자동 탐지하고 수정 권고안을 제안하는 보안 설루션을 출시하기도 했다. 이처럼 AI 기반 보안 설루션 개발자는 보안의 자동화와 지능화를 이끄는 핵심 인력으로 부상하고 있다.

디지털 포렌식 전문가

디지털 포렌식 전문가는 AI 기술을 활용해 공격자의 흔적을 분석하고, 디지털 증거를 자동 추출하며, 영상 · 음성 · 텍스트를 정밀 분석해 딥페이크를 탐지하고, 위조 문서를 판별한다. 이들에게는 파일 시스템 구조와 메모리 분석 등 저수준 디지털 분석 기술, AI 기반 이미지 및 오디오 포렌식 도구의 활용 능력, 법적 증거로 활용 가능한 분석 보고서를 작성할 수 있는 문서화 역량 등이 기대된다. 국내 공공기관에서 딥페이크 영상으로 이뤄진 사기 사건을 수사하는 과정에서, AI 기반 음성 분석을 활용해 원본 음성을 복원하고 범인을 특정한 사례가 보고된 바 있다.

사이버 보안 정책·리스크 전문가

사이버 보안 정책 · 리스크 전문가의 역할은 AI 활용 보안 정책 수립, 거버넌스 체계 설계, AI 기반 보안 모델의 법적 · 윤리적 영향 분석, AI 위협(공격 자동화, AI 오용 등)에 대한 리스크 평가 등이다. 이 전문가는 보안 컴플라이언스 및 개인정보보호법에 대한 이해, AI 기술과 보안 정책의 연계성에 대한 이해 및 통합적 사고, 조직 내 보안 위험 식별 및 분석, 관련 대응 전략을 수립하는 능력 등의 역량이 기대된다. AI가 발전하면서 기술적 대응을 넘어 정책 · 제도적 기반을 마련하는 역할의 중요성이 더욱 부각되고 있으며, 이에 따라 이 분야의 전문성도 점점 더 요구되고 있다.

사이버 보안 전문가에게 요구되는 주요 역량

AI를 활용한 사이버 보안 전문가에게 요구되는 핵심 역량은 기술적 전문성과 분석력 그리고 윤리적 판단력의 균형이다. 먼저 데이터 분석 및 머신러닝에 대한 이해는 필수적이다. 방대한 보안 로그, 네트워크 트래픽, 사용자 행태 데이터를 효과적으로 처리하고, 이를 기반으로 위협 탐지 알고리즘이나 예측 모델을 설계할 수 있어야 한다. 특히 Python, R 등의 프로그래밍 언어와 TensorFlow, PyTorch와 같은 AI 프레임워크 활용 능력은 핵심 기술 역량으로 간주된다.

또한 보안 도메인에 대한 심화된 지식도 필수적이다.

공격 기법, 취약점 구조, 악성 코드 동작 원리, 제로데이 위협 등에 대한 이해는 AI 모델의 설계와 해석에 직접적인 영향을 미친다. 이를 통해 단순한 데이터 과학을 넘어 실제 보안 환경에서 작동 가능한 설루션을 개발할 수 있게 된다.

아울러 윤리적 판단력과 정책 이해 능력도 중요하다. AI가 자동으로 판단하고 대응하는 보안 시스템을 설계하는 과정에서 개인 권리 침해, 허위 탐지, 편향된 결과 등 다양한 윤리적 문제가 발생할 수 있다. 따라서 개인정보보호법, AI 윤리 가이드라인, 보안 컴플라이언스에 대한 이해는 기술만큼 중요한 역량으로 요구된다.

마지막으로 의사소통 능력과 협업 태도도 간과할 수 없다. 사이버 보안은 기술자, 관리자, 정책 결정자 간의 유기적인 협업이 필요한 분야며, AI 기반 보안 설루션의 설계 의도와 효과를 설득력 있게 설명하고, 조직 내 도입을 이끌어 내는 능력 역시 전문가로서의 중요한 자질이다.

사이버 대응 모의 훈련

사이버 대응 모의 훈련(Cybersecurity Incident Response Exercise)은 실제 사이버 공격 상황을 가정해 조

직 구성원들이 대응 절차를 사전에 연습하고, 위기 대응 역량을 종합적으로 강화하기 위한 중요한 보안 활동이다(한국인터넷진흥원, 2020). 이 훈련은 단순한 기술적 대응을 넘어 탐지부터 판단, 조치, 복구까지 전 과정에 걸친 조직의 대응 능력을 점검하고 향상하는 데 목적이 있다. 훈련 방식은 회의실 중심의 시나리오 토론, 공격·방어 실습, 기술과 전략을 결합한 하이브리드 훈련 등으로 다양하며, 훈련 후에는 대응 과정에 대한 분석과 피드백을 통해 보안 정책과 대응 체계를 개선한다. 실제로 한국의 인터넷진흥원, 미국의 국토안보부, 일본의 내각사이버보안센터 등은 국가 차원의 모의 훈련을 정기적으로 실시하며, 민간 기업과 공공기관의 협업을 통해 실전 대응력을 강화하고 있다. 이러한 모의 훈련은 사이버 위협에 대한 조직의 실질적인 대응 역량을 점검하고, 사전 예방과 위기 관리 체계를 고도화하는 핵심 전략으로 자리 잡고 있다.

사이버 대응 모의 훈련은 사전에 정해진 절차와 구성 요소에 따라 체계적으로 진행되며, 조직의 사이버 위기 대응 역량을 실제 상황에 가깝게 점검하는 데 초점을 둔다. 훈련 절차는 먼저 시나리오 설계 단계에서 시작되며, 이 단계에서는 조직 특성과 위협 환경을 반영한 현실적인 공격 상황을 구성한다. 예를 들어 랜섬웨어 감염, 내부자 정보 유출, 공급망 공격 등 다양한 위협 유형이 선택된다(시큐러스, 2025; 한국인터넷진흥원, 2020).

다음으로 참여자 선정 및 역할 분담 단계에서는 IT 부서, 법무팀, 홍보팀, 경영진 등 관련 부서에 명확한 역할을 부여해 실제 사고 발생 시의 협업 구조를 모의한다. 이후 훈련 실행 단계에서는 사전에 설계된 시나리오에 따라 상황이 전개되며, 각 참여자는 실시간으로 대응하면서 필요한 보고, 의사결정, 기술 조치 등을 수행한다.

훈련 종료 후에는 사후 평가 및 피드백 단계가 진행된다. 이 과정에서는 대응 절차의 적절성, 의사결정의 신속성, 커뮤니케이션의 명확성 등을 종합적으로 분석하고, 문제점을 도출한다. 마지막으로 도출된 개선 사항은 보안 정책, 시스템, 교육 체계 등에 반영되어 조직의 실질적인 보안 역량 향상으로 이어진다.

이러한 훈련의 핵심 구성 요소는 현실성 있는 위협 시나리오, 다부서 협업 구조, 실시간 대응 및 의사결정 과정, 훈련 결과 분석 및 개선 조치 등이다. 사이버 대응 모의 훈련의 반복적이고 주기적인 시행을 통해 사이버 위기에 대한 조직의 대응 준비 태세를 지속적으로 강화할 수 있다.

사이버 보안 전문가와 사이버 대응 모의 훈련

다양한 유형의 사이버 보안 전문가는 조직의 정보 자산을 보호하고, 사이버 위협에 선제적으로 대응하는 핵심 인력이다. 이들은 해킹, 악성 코드, 랜섬웨어, 내부자 위협 등 다양한 보안 위협으로부터 네트워크와 시스템을 보호하기 위해 기술적 역량과 분석력을 바탕으로 지속적인 탐지, 대응, 예방 활동을 수행한다. 최근에는 AI와 머신러닝을 활용해 고도화된 공격을 탐지하고 이상 행위 분석 및 자동화된 대응 체계를 구축하는 등 기술 융합형 전문가로 진화하고 있다. 사이버 보안에서는 기술뿐 아니라 조직 전체의 대응 능력과 협업 체계가 중요하기 때문에 사이버 보안 전문가는 기술 대응 능력뿐 아니라 경영진, 법무팀, 홍보팀 등 다양한 부서와의 소통 및 협업 능력도 갖춰야 한다.

이러한 맥락에서 사이버 대응 모의 훈련은 조직의 전반적인 사이버 위기 대응 능력을 향상하는 핵심 활동으로 자리 잡고 있다. 사이버 대응 모의 훈련은 실제 침해사고를 가정한 시나리오를 바탕으로 보안 전문가를 포함한 조직 구성원들이 각자의 역할에 따라 사고를 인지하고, 판단하며, 기술적 · 전략적으로 대응하는 과정을 실시간으로 연습하는 훈련이다. 이 훈련을 통해 사이버 보안 전문가는 위협 탐지 및 기술적 대응 능력을 점검받고, 다부서 간 커뮤니케이션과 대응 체계의 효율성을 확인할 수 있다. 모의 훈련은 시나리오 설계, 역할 분담, 훈련 실행, 사후 평가 및 개선 조치의 과정을 포함한다. 조직은 반복적이고 정기적인 훈련을 통해 실전 대응력을 강화하고 보안 사고에 대한 준비 태세를 지속적으로 향상시킬 수 있다.

궁극적으로 사이버 보안 전문가와 모의 훈련은 서로 긴밀하게 연결되어 있으며, 전문가의 기술적 역량과 판단력을 바탕으로 한 체계적인 훈련이 조직 전체의 사이버 복원력을 결정짓는 중요한 요소로 작용한다.

참고문헌

강지희(2023.10.11). “[기획] 사이버 보안 전문가가 되려면?”. 한국여성과학기술인육성재단. https://www.wbridge.or.kr/platform/careersport/info/selectTrendDetail.do?ntt_sn=401

시큐러스(2025). “사이버 침해 대응 모의훈련”. https://securus.kr/?page_id=2265&ckattempt=2

한국인터넷진흥원(2020.9.25). “KISA, 진화하는 사이버 공격 ‘모의훈련으로 극복’”. https://www.kisa.or.kr/402/form?postSeq=1956&lang_type=KO

Microsoft(2025). “사이버 위협 인텔리전스란?”.

https://www.microsoft.com/ko-kr/security/business/security-101/what-is-cyber-threat-intelligence#:~:text=%EC%82%AC%EC%9D%B4%EB%B2%84%20%EC%9D%B8%ED%85%94%EB%A6%AC%EC%A0%84%EC%8A%A4%20%EB%B6%84%EC%84%9D%EA%B0%80%3A%20%EC%A1%B0%EC%A7%81%EC%9D%84,%EC%9D%98%20%EB%8C%80%EC%9D%91%EC%9D%84%20%ED%8C%8C%EC%95%85%ED%95%A9%EB%8B%88%EB%8B%A4

09
AI 기반 사이버 보안 교육

AI 기반 사이버 보안 교육 · 훈련 프로그램은 실시간 시뮬레이션과 학습자의 수준 · 역할 · 이력에 기반한 맞춤형 학습 경로를 제공해 교육 효과를 향상한다. 이러한 프로그램은 학습자가 실제 사이버 공격 상황을 가상 환경에서 체험하고, 이에 대응하는 전략을 체득할 수 있도록 설계되어 있으며, 반복 훈련과 실시간 피드백을 통해 실전 대응 능력을 체계적으로 강화할 수 있도록 돕는다. 이는 공공기관, 기업, 교육기관 등 다양한 조직의 사이버 공격 대응 역량을 높이는 핵심 수단으로 주목받고 있다.

AI와 화장품?

국내 주요 사이버 훈련장 기술 동향

한국인터넷진흥원의 시큐리티짐

한국인터넷진흥원은 'K-사이버 방역' 추진 전략을 통해 정보 보호 산업을 육성하고, 전문 인력을 지속적으로 양성하고 있다(오다인, 2021). 경기도 성남시 판교에 위치한 사이버보안인재센터에서는 정보 보호 산업 현장과 서비스에 즉시 투입 가능한 실무형 인재 양성을 목표로 다양한 사이버 침해 사고 및 위협 사례를 활용한 '시큐리티짐(Security-Gym)' 사이버 훈련장을 운영 중이다.

이 시큐리티짐은 미국의 NCR(National Cyber Range)과 이스라엘의 사이버짐(CyberGym)을 벤치마킹해 구축한 것으로, 실제와 유사한 가상 사이버 환경을 조성해 실전과 유사한 수준의 대응 훈련을 가능하게 한다(이대성, 2023). 이 실전형 사이버 훈련장은 공공 및 민간 부문 종사자, 군인, 학생 등 다양한 수요층을 대상으로 보안 기술 훈련 프로그램을 제공하며, 초급부터 고급 수준까지 양방향 실전 공격·방어 훈련과 단방향 학습형 훈련 등 다양한 수준에 맞춘 프로그램을 운영하고 있다(유재학 외, 2022).

사이버안전훈련센터의 사이버 훈련장

2012년 7월에 개원한 국가정보보안교육원 사이버안전훈련센터는 사이버 훈련장의 보안 훈련 프로그램을 통해 매년 1000명에서 2000명이 넘는 정보 보안 핵심 인력을 양성하고 있다. 이 센터는 주로 정부 부처 및 공공기관을 대상으로 보안 교육을 제공하며, 웹서버 침해 사고 분석, 기반 시설 제어 시스템 보안, 업무용 PC 침해 대응, 보안 관제 및 사고 대응, 국가 중요 시설의 사이버 공격 대응 프로그램 등을 운영하고 있다.

사이버안전훈련센터의 방어 훈련 프로그램은 최신 사이버 공격 기법과 위협 사례를 반영하며, 실제 환경을 모사한 실습을 통해 효과적인 대응 능력을 높이고 있다. 이 훈련장은 침해 사고 등의 위협 사례를 기반으로 시나리오를 구성해 학습하는 방식으로 운영되며, 사이버 위기 경보 단계를 기준으로 예방, 실시간 대응, 사후 대응 등 단계별 전략을 학습해 사이버 회복력 강화에 중점을 두고 있다.

최근에는 기존 훈련뿐 아니라 빅데이터, 클라우드, IoT 기술을 활용한 로봇 · 스마트카 등 미래 첨단 기술을 겨냥한 사이버 공격에 대응하기 위한 신규 훈련 콘텐츠 개발에도 노력을 기울이고 있다.

AI 기반 사이버 보안 교육 및 훈련 프로그램의 특징과 활용 가능성

AI 기술이 적용된 사이버 보안 교육 및 훈련 프로그램은 기존의 정적인 교육 방식에서 벗어나, 실시간 시뮬레이션과 개인 맞춤형 학습 경로를 제공함으로써 교육 효과를 극대화하고 실전 대응 능력을 향상한다. 이러한 프로그램은 사이버 보안 전문가뿐 아니라 일반 시민, 기업 종사자, 학교 구성원 등 다양한 계층을 대상으로 적용 가능하며, 사회 전반의 사이버 위협 대응 역량 제고에 기여한다.

AI는 학습자의 수준, 역할, 과거 학습 이력 등을 바탕으로 개인화된 콘텐츠를 제공할 수 있다. 예를 들어 기초 학습자에게는 피싱 이메일 판별법이나 안전한 비밀번호 설정 방법 등 실생활 밀착형 보안 지식을, 보안 담당자나 전문가에게는 네트워크 침입 탐지, 악성 코드 분석, 취약점 진단 등 고급 기술 교육을 맞춤형으로 제공한다. AI 기반 튜터는 학습자의 반응을 실시간으로 분석해 난이도를 조절하거나, 오답 유형에 따른 반복 학습을 유도해 이해 중심의 학습을 가능하게 한다.

또한 AI 기반 시뮬레이션 훈련 시스템은 실제 해킹 공격 시나리오를 가상 환경에서 재현해 사용자가 위협을 탐지하고 대응하는 실습 경험을 제공한다. 예를 들어 랜섬웨어 감염, 내부자 위협, DDoS 공격 등의 상황이 제시되면 학습자는 침해 원인을 분석하고 적절한 대응 전략을 선택하게 된다. AI는 훈련 과정 전반을 평가해 실시간 피드백과 개선 방향을 제시하며, 반복 훈련을 통해 현장 대응력과 사고 해결 능력을 체계적으로 강화할 수 있도록 지원한다.

이러한 AI 기반 교육 시스템은 기업 및 공공기관의 사이버 보안 역량 강화 프로그램에도 적극 활용되고 있다. 특히 우리나라에서는 과학기술정보통신부, 한국인터넷진흥원, 한국정보보호교육센터 등을 중심으로 AI 기반 사이버 훈련 플랫폼이 개발·운영되고 있으며, 기업 보안 관리자와 직원 대상을 대상으로 한 모의 훈련과 맞춤형 보안 교육 콘텐츠가 제공되고 있다. 대학 교육 현장에서도 사이버 보안 실습 교과목에 AI 시뮬레이션을 도입해 학생들이 실제 해킹 상황에서 의사결정을 내려 보는 프로젝트 기반 학습을 수행하고 있다.

AI는 사이버 보안 교육의 효율성, 몰입도, 실전성을 동시에 향상하는 핵심 도구로 자리 잡고 있으며, 단순한 정보 전달을 넘어 지속 가능한 보안 역량 개발의 기반이 되고 있다. 향후 AI 기반 교육 플랫폼은 공교육, 직무 훈련, 대국민 보안 캠페인 등 다양한 분야에 확대 적용되어 사회 전반의 사이버 리터러시 향상에 중요한 역할을 할 것으로 기대된다.

AI 기반 사이버 훈련장 동향

최근 ICT 기술이 발전하면서 사이버 보안 분야의 공격 기법은 한층 더 정교해지고 다양화되고 있다. 과거에는 관측되지 않았던 새로운 형태의 공격이 점점 더 짧은 주기로 등장하면서, 이에 대한 대응의 복잡성과 긴급성이 더욱 높아지고 있다. 이러한 변화하는 위협에 효과적으로 대응하기 위해서는 첨단 보안 기술 습득과 전문 인력 양성이 필수적이며, 이를 위한 테스트베드(testbed)로서 사이버 훈련장의 중요성이 점점 더 부각되고 있다.

이와 관련해 마이크로소프트(Microsoft)의 365디펜더 리서치(365 Defender Research) 연구팀이 개발한 사이버배틀심(CyberBattleSim)은 사이버 공격에 대비할 수 있는 교육 시뮬레이션 모델로, AI와 기계학습을 활용해 보안 문제를 해결하고자 설계된 시스템이다(Microsoft, 2020). 이 시스템은 가상화된 엔터프라이즈 네트워크 환경에서 자율 에이전트가 특정 지식과 매개변수를 바탕으로 환경과 상호작용하며, 보안 기술의 교육 및 향상을 목적으로 설계되었다.

사이버배틀심은 추상화된 네트워크 환경과 사이버 보안 개념을 제공하며, Python 기반의 오픈AI 짐(OpenAI Gym) 인터페이스를 사용해 강화학습 알고리즘을 통해 자동화된 에이전트 학습을 실행한다. 강화학습을 통해 방어자는 공격자의 행동을 예측하고 이에 따른 전략을 학습하며, 보안 상황에 자동으로 대응하거나 완화할 수 있는 능력을 갖추게 된다. 특히 공격자가 네트워크를 통해 확산을 시도할 경우 방어 에이전트가 이를 감지하고 자동으로 차단하는 시뮬레이션을 수행할 수 있다. 최근에는 허니팟(Honeypot) 기술 등을 통합해 기만적인 방어 요소까지 재현할 수 있도록 고도화되었다(Microsoft, 2020).

AI를 활용한 보안 훈련 시스템은 글로벌 기업에서도 활발히 도입되고 있다. 예를 들어 엔비디아(NVIDIA)의 사이버GPT(CyberGPT), 구글(Google)의 세크-팜(Sec-PaLM), 시큐어프레임(Secureframe)의 컴플라이AI(Comply AI) 등은 실제 보안 상황을 모방한 시나리오를 통해 훈련 환경을 조성하고 있다. 이들은 보안 팀이 실제 공격에 앞서 다양한 상황을 시뮬레이션으로 경험함으로써 보안 사고 발생 시 신속하고 효과적으로 대응할 수 있는 역량을 키우는 데 핵심적인 역할을 한다.

사이버GPT는 사이버 보안 대응에 특화된 생성형 AI 모델로, 다양한 공격 시나리오를 자동 생성해 보안 팀의 실전 대응 능력을 강화한다. 이 모델은 사이버 보안 데이터에 최적화되어 있어 공격 패턴, 악성 코드의 행동, 네트워크 침입 시도 등을 효과적으로 예측·분석할 수 있다. 사용자는 보안 요구 사항에 맞춰 시나리오를 맞춤 설정할 수 있으며, 사이버GPT는 이를 기반으로 고유한 훈련 모듈을 생성한다. 생성된 시나리오는 지속적인 피드백과 반복 학습을 통해 지속적으로 개선되며, 개인 맞춤형 훈련과 실전 대응력 강화를 가능하게 한다.

구글의 세크-팜은 사이버 보안에 특화된 AI 언어 모델로, 보안 위협을 식별·요약·해석하는 데 중점을 둔다. 기존의 팜(PaLM) 모델을 기반으로 개발된 이 시스템은 소프트웨어 취약점, 악성 코드, 위협 인디케이터 및 행동 기반 위협에 대한 정보를 통합 분석한다. 세크-팜은 구글 클라우드의 시큐리티 AI 워크벤치(Security AI Workbench)의 일부로, 사용자는 이 플랫폼을 통해 보안 사고를 검색하고 대화형 상호작용을 통해 대응 방안을 모색할 수 있다. 세크-팜은 공격 노출 상태, 권장되는 완화 조치, 보안 컴플라이언스·프라이버시 관련 위험

요약 등의 정보를 제공하고, 자연어 기반의 해석을 통해 보안 전문가가 위협을 보다 빠르고 정확하게 파악·대응할 수 있도록 지원한다(한평훈, 2024).

이처럼 AI 기반 사이버 보안 교육 및 훈련 기술은 빠르게 진화하고 있다. 마이크로소프트, 엔비디아, 구글 등 글로벌 선도 기업들의 사례는 이러한 기술이 단순한 보안 교육 도구를 넘어 실전 대응력을 키우는 핵심 인프라로 자리 잡고 있음을 보여 준다. 사이버배틀심, 사이버GPT, 세크-팜과 같은 시스템은 실제와 유사한 시나리오 기반 훈련을 통해 개인 맞춤형 학습과 자동화된 위협 대응 전략을 가능하게 하며, 사이버 보안 전문가뿐만 아니라 일반 사용자까지 포괄하는 보안 역량 강화에 기여하고 있다. 앞으로 AI 기술이 더욱 정교해지면서 사이버 보안 훈련은 더욱 지능적이고 상황 중심적인 학습 경험으로 진화할 전망이다.

참고문헌

오다인(2021.4.19). "[K-사이버방역 시대]〈하〉보안 기업 키우고 인력 늘리고…생태계 만든다". 전자신문. https://m.etnews.com/20210419000178?obj=Tzo4OiJzdGRDbGFzcyI6Mjp7czo3OiJyZWZlcmVyIjtOO3M6NzoiZm9yd2FyZCI7czoxMzoid2ViIHRvIG1vYmlsZSI7fQ%3D%3D

유재학 외(2022). "지능형 사이버 훈련장의 기술 동향". ≪ETRI Electronics and Telecommunications Trends≫, 37(4), 36-45쪽.
이대성(2023.7.26). "디지털 시대의 '사이버 훈련장'". 부산일보. https://www.busan.com/view/busan/view.php?code=2023062614223533716#google_vignette
한평훈(2024.4.19). "[포커스온] 사이버 보안 시뮬레이션 훈련, 이제는 AI가 설계한다". 테크월드뉴스. https://www.epnc.co.kr/news/articleView.html?idxno=303085
Microsoft(2020). CyberBattleSim. https://www.microsoft.com/en-us/research/project/cyberbattlesim/

10

AI와 사이버 보안 윤리

AI를 활용한 사이버 보안 분야에서는 기술적 효율성뿐만 아니라 윤리적 고려도 필수적이다. 특히 개인정보를 보호하고 알고리즘의 투명성을 확보하는 동시에 AI 시스템이 차별이나 편향 없이 공정하게 작동하도록 하는 것이 중요하다. 사이버 보안 영역에 AI를 도입할 때에는 기술 개발 초기 단계부터 윤리적 기준과 가이드라인을 체계적으로 반영하고, 기술적 설계와 정책 운영 전반에 이를 통합하는 노력이 필요하다.

종교와 AI?

AI 기반 사이버 보안과 윤리적 고려 사항

AI를 활용한 사이버 보안 기술이 고도화하면서 윤리적 문제 역시 중요한 고려 사항으로 부각되고 있다. AI는 방대한 데이터를 수집하고 분석함으로써 사이버 위협에 선제적으로 대응할 수 있도록 도와주지만, 동시에 개인정보 침해, 감시사회화, 의사결정의 불투명성 등 다양한 윤리적 위험을 동반한다.

가장 중요한 이슈 중 하나는 개인정보 보호다. AI 보안 시스템은 사용자 로그, 위치 정보, 행동 패턴 등 민감한 데이터를 수집하고 분석함으로써 이상 징후를 탐지하지만, 이 과정에서 개인의 사생활이 침해될 가능성도 존재한다. 특히 우리나라에서는 개인정보보호법, 정보통신망법 등 관련 법률에 따라 AI 시스템이 수집하는 정보의 목적과 범위, 보관 기간 등을 명확히 하고 사용자 동의와 투명한 정보 처리를 보장해야 한다.

또한 AI가 내리는 판단이 어떻게 도출되었는지 설명이 불가능할 경우 사이버 보안 결정의 책임 소재가 불분명해질 수 있다. 예를 들어 AI가 '위험한 행위'로 간주해 특정 사용자의 접근을 차단했을 때 그 판단 기준이 공개되지 않거나 편향된 알고리즘에 기반했다면 사용자의 권리를 침해할 수 있다. 따라서 AI의 결정 과정에 대한 설명 가능성(explainability)과 책임 있는 AI(Responsible AI) 개발은 필수 원칙으로 자리 잡고 있다(삼일PwC경영연구원, 2023).

이와 함께 편향성과 공정성의 문제도 사이버 보안 영역에서 중요한 쟁점이다. AI 모델이 학습한 데이터에 특정 조직, 국가, 사회집단에 대한 편향이 존재할 경우 특정 사용자가 과도한 감시의 대상이 되거나 자동화된 대응 조치에서 차별이 발생할 수 있다. 이는 보안이란 명분 아래 특정 집단에 대한 차별이나 억압이 정당화되는 위험으로 이어질 수 있다.

결국 AI 기반 사이버 보안 시스템은 기술적 성능만이 아니라 윤리적 설계와 사회적 책임을 함께 고려해야 한다. 이를 위해서는 보안 기술 개발 단계에서부터 개인정보 보호 설계, 알고리즘의 투명성과 해석 가능성 확보, AI의 의사결정에 대한 검토 및 수정 권한 부여, 외부 감시 기구 또는 윤리 위원회의 지속적 검토 체계 등이 함께 마련되어야 한다.

사이버 보안 윤리는 피해를 줄이는 것을 넘어 사회 전체의 신뢰 기반을 유지하는 핵심 요소다. AI가 인간의 판단과 권리를 대체하는 것이 아니라 인간의 판단을 보조하고 강화하는 방향으로 활용될 수 있도록 제도적 · 윤리적 틀이 뒷받침되어야 한다.

AI를 활용한 사이버 보안에서는 기술적 효율성만큼이나 윤리적 문제가 핵심 고려 사항으로 부각되고 있다. 특히 AI는 방대한 데이터를 분석하고 위협을 탐지하는 데 강력한 도구로 활용되지만, 이 과정에서 개인정보 침해, 감시의 과잉, 알고리즘의 편향성 등 심각한 윤리적 쟁점이 발생할 수 있다. 따라서 AI 기반 사이버 보안 기술을 설계하고 운용하는 모든 단계에서 개인정보 보호, 시스템의 투명성, 설명 가능성 그리고 공정한 처리 절차가 반드시 확보되어야 한다.

예를 들어 AI가 의심스러운 행동을 탐지하고 자동으로 접근을 차단하는 시스템이 있을 때, 그 판단 기준이 공개되지 않거나 편향된 데이터를 학습했다면 특정 사용자나 집단에 대한 차별적 대응이 이루어질 수 있다. 이는 보안의 이름으로 인권과 자유를 침해하는 결과를 낳을 수 있으며, 기술에 대한 신뢰 또한 무너뜨릴 수 있다.

또한 AI를 활용한 사이버 공격도 증가하고 있는 현실에서 보안 분야의 전문가들은 AI의 윤리적 사용 원칙을 명확히 수립하고, 악용 가능성에 대한 지속적인 모니터링과 대응 전략을 마련해야 한다. 이러한 노력은 단순히 기술을 잘 다루는 차원을 넘어 사회적 책임을 실현하는 방식의 보안 구축으로 이어져야 한다.

결국 AI 기술이 사이버 보안에서 효과적으로 작동하기 위해서는 기술적 정교함과 더불어 윤리적 감수성과 거버넌스 체계가 구축되어야 하며, 이는 정부 · 기업 · 사회 · 구성원 모두가 함께 고민하고 실천해야 할 공동 과제다.

AI 기반 사이버 보안에서의 윤리적 문제

AI를 활용한 사이버 보안에서는 기술적 정확성뿐 아니라 윤리적 고려가 반드시 병행되어야 한다. 특히 알고리즘의 편향성 문제는 AI 시스템의 신뢰성과 공정성을 근본적으로 위협할 수 있다. AI는 훈련 데이터에 기반해 작동하는데, 해당 데이터가 특정 성별, 인종, 지역, 언어 등을 과소대표하거나 왜곡할 경우 AI는 결과적으로 편향된 판단을 내리게 된다. 이러한 문제는 특히 얼굴 인식 기술(facial recognition)과 같은 생체 기반 보안 시스템에서 심각한 문제를 초래할 수 있다(Buolamwini, 2023).

예를 들어 일부 얼굴 인식 시스템이 백인 남성에 비해 유색인종 여성의 얼굴을 정확히 인식하지 못하거나, 범죄와 무관한 사람을 잘못 식별하는 오류를 일으키는 사례가 반복적으로 보고되고 있다(Buolamwini, 2023). 이러한 오류는 개인의 사생활을 침해할 뿐 아니라 오탐지로 인한 잘못된 혐의 적용이나 자동 감시 시스템에 의한 차별적 대응으로 이어질 수 있어 기술로 인한 인권 침해로 간주될 수 있다.

또한 사이버 보안 분야에서는 AI가 사용자 행동을 분석해 이상 징후를 탐지하거나 자동으로 위협을 차단하는 방식이 널리 사용되고 있다. 그러나 이 과정에서 의사결정의 투명성이 부족하거나, 경고 · 차단 조치의 설명이 불가능하며 사용자가 이의를 제기할 방법이 없는 구조가 형성된다면, 이는 알고리즘에 의한 책임 회피라는 또 다른 윤리적 문제를 야기할 수 있다.

따라서 AI 기반 보안 시스템을 설계 · 운용하는 조직은 단순히 성능 향상에만 집중할 것이 아니라 다음과 같은 윤리적 원칙을 적극 반영해야 한다. 공정하고 대표성 있는 데이터셋의 사용, 의사결정 과정의 투명화 및 설명 가능성 확보, 사용자의 동의와 통제권 보장, 시민권 보호를 위한 규제와 감시 체계 마련 등이다.

이러한 윤리적 기준은 사이버 보안이 단지 기술적 방어를 넘어 사회적 신뢰와 정의를 수호하는 시스템으로 작동하게 만드는 핵심 요소다. AI의 발전 속도가 가속화될수록 그에 따르는 책임과 윤리적 숙고의 무게 또한 커진다는 사실을 잊지 말아야 한다.

AI 기반 침입 탐지 시스템과 관련된 윤리적 이슈

AI 기술은 사이버 보안 영역에서 침입 탐지 시스템을 더욱 정교하고 효율적으로 발전시키는 데 중요한 역할을 하고 있다. 전통적인 규칙 기반 탐지 방식이 이미 알려진 위협에 한정된 반응을 보이는 반면, AI 기반 침입 탐지 시스템은 머신러닝과 딥러닝을 활용해 새로운 유형의 공격을 실시간으로 식별하고 예측할 수 있다는 장점이 있다. 그러나 이러한 기술 발전은 심각한 윤리적 쟁점들을 동반한다.

가장 우선적으로 지적되는 문제는 알고리즘 편향성이다. AI 시스템은 훈련 데이터에 크게 의존하는데, 이 데이터가 특정 유형의 사용자나 행동을 과대대표하거나 과소대표한다면, 정상적인 활동이 '위협'으로 오인되거나 특정 집단이 반복적으로 감시 대상이 되는 편향된 결과를 초래할 수 있다. 이러한 현상은 디지털 공간에서도 차별과 불평등을 재생산할 수 있다는 점에서 심각한 우려를 낳는다.

또한 AI 기반 침입 탐지 시스템은 실시간 감시와 데이터 수집 기능을 포함하고 있어 개인정보 침해 위험이 매우 높다. 사용자 활동을 지속적으로 분석하는 과정에서 민감한 정보가 수집될 수 있으며, 이 데이터가 어떻게 처리 · 저장 · 보호되는지에 대한 명확한 설명이 부족하다면 사용자 신뢰는 저해될 수 있다. 특히 설명 가능한 인공지능이 적용되지 않은 시스템에서는 사용자가 왜 특정 행위가 '침입'으로 판단되었는지조차 알 수 없기에 알고리즘에 의한 일방적인 판단과 이의 제기 불가능성이라는 또 다른 윤리적 문제를 발생시킨다.

더 나아가 AI 기반 침입 탐지 시스템은 공격 탐지 외에도 자동화된 대응 기능을 포함하는 경우가 많다. 예를 들어 시스템이 비정상 활동을 탐지했을 때 자동으로 계정을 차단하거나 접속을 종료하는 방식이다. 문제는 이러한 자동 대응 조치가 잘못된 판단에 기반할 경우 정당한 사용자에게 불합리한 불이익을 초래할 수 있다는 점이다. 이러한 경우 적절한 보상 · 구제 절차가 마련되어 있지 않다면 심각한 디지털 정의의 훼손 문제로 이어질 수 있다.

따라서 AI 기반 침입 탐지 시스템을 도입하는 조직이나 기업은 기술 성능에만 집중할 것이 아니라, 다음과 같은 윤리적 기준을 충실히 반영해야 한다. 대표성 있고 균형 잡힌 학습 데이터셋 확보, 모델의 설명 가능성과 의사 결정의 투명성 보장, 개인정보 보호 및 데이터 최소 수집 원칙의 철저한 준수, 자동화된 보안 대응 조치에 대한 사용자 통제권 및 이의 제기 절차 마련 등이다.

결론적으로 AI는 사이버 보안을 한 단계 진보시키는 강력한 수단이지만, 기술적 성능만으로 그 정당성을 확보해서는 안 된다. AI 기반 보안 기술의 윤리적 설계와 책임 있는 운용은 기술의 지속 가능성과 사회적 수용성을 결정짓는 핵심 요소며, 이는 사이버 보안 전문가, 개발자, 정책 입안자 모두의 공동 책임이다.

사이버 보안 전문가와 윤리

사이버 보안 전문가는 단순히 시스템을 방어하는 기술자가 아니라 디지털 사회의 안전과 신뢰를 지키는 윤리적 책임자다. 이들은 개인의 민감한 정보, 기업의 핵심 자산, 나아가 국가 안보에 이르기까지 다양한 층위의 정보와 시스템에 접근하고 이를 보호하는 역할을 수행한다.

이처럼 막대한 권한과 책임을 지닌 사이버 보안 전문가에게는 윤리적 판단과 행동 원칙이 필수적이다. 예를 들어 불법적인 해킹 기술의 남용, 사적인 정보의 오용·남용, 취약점 발견 후 적절한 보고 없이 이를 활용하는 행위 등은 모두 윤리적 기준을 위반하는 행위며, 사회적 신뢰를 심각하게 훼손할 수 있다.

국제적으로는 ACM(Association for Computing Machinery)이나 (ISC)² Code of Ethics 같은 전문 기관들이 윤리 강령을 제시하고 있으며(Association for Computing Machinery, 2018; ISC2, 2025), 많은 국가에서는 사이버 보안 윤리 교육을 정규 교육 과정에 포함시키고 있다.

따라서 오늘날의 사이버 보안 전문가는 기술력뿐 아니라 개인정보 보호, 공공의 이익 추구, 책임감 있는 행동이라는 윤리적 기준을 갖추어야 하며, 이를 통해 더욱 건강하고 지속 가능한 디지털 생태계를 구축하는 데 기여해야 한다.

다크웹 '실크로드' 사건: 사이버 보안 윤리 위반의 반면교사

실크로드(Silk Road)는 2011년 다크웹에서 개설된 불법 온라인 마켓플레이스로, 비트코인 기반 익명 결제 시스템과 토르(Tor) 네트워크를 이용해 사용자와 판매자의 신원을 은폐하며 운영되었다. 해당 플랫폼은 주로 마약, 위조 서류, 해킹 도구, 불법 무기 등의 거래에 이용되었으며(U.S. Attorney's Office, New York, 2015), 사이버 보안과 디지털 윤리의 중대한 침해 사례로 간주된다.

실크로드는 익명성을 보장하는 기술(토르, 암호 화폐 등)을 범죄 은폐 수단으로 활용했다. 이는 정보 보호 기술이 어떻게 윤리적으로 왜곡될 수 있는지 보여 주는 사례다. 기술 자체는 중립적일 수 있으나, 목적과 사용 방식에 따라 심각한 사회적 해악을 초래할 수 있다는 점에서 기술자와 보안 전문가의 윤리적 판단이 얼마나 중요한지를 시사한다.

수사 당시 운영자 로스 울브리히트(Ross Ulbricht)는 자신이 단지 "중립적 플랫폼 제공자"라고 주장했지만, 그가 사이트 내에서 마약 유통, 해커 고용, 살인 청부 시도까지 지시한 정황이 드러났다. 이는 사이버 공간에서의 책임 윤리를 명확히 보여 주는 사례로, 시스템 설계자와 운영자도 그 결과에 대한 윤리적 책임에서 자유로울 수 없다는 것을 강조한다.

이 사건은 보안 기술과 암호화 기술이 잘못 사용될 경우 사회적 신뢰를 훼손하고 범죄를 조장할 수 있음을 보여 준다. 사이버 보안 전문가는 단순히 기술을 개발 · 운영하는 역할을 넘어 그 기술이 끼칠 영향과 윤리적 함의까지 고려하는 책임감 있는 태도를 가져야 한다.

실크로드는 기술의 윤리적 중립성이란 존재하지 않으며, 기술의 목적과 사용 방식에 따라 사이버 보안 윤리가 중대하게 위반될 수 있음을 보여 준 대표 사례다. 사이버 보안 전문가에게 요구되는 윤리적 감수성과 사회적 책임의 중요성을 강조하는 반면교사로 자주 인용된다.

다크웹 실크로드 사건은 불법 온라인 시장의 폐쇄를 넘어 이를 수사하는 수사기관의 윤리적 문제까지도 주목받은 대표적인 사례다. 수사기관 역시 기술적 수단을 정당하게 사용하는 것뿐 아니라 법적 · 윤리적 기준을 얼마나 준수했는가가 중요한 평가 기준이 된다.

다크웹 실크로드 사건을 통해 본 사이버 보안 윤리와 수사의 경계

수사 과정에서의 은밀한 감시와 프라이버시 침해

실크로드 수사 과정에서 FBI, 국토안보부, 마약단속국 등 여러 기관은 토르 네트워크 내에서 활동하는 이용자들을 추적하고, 플랫폼 운영자인 울브리히트를 특정하기 위해 침투형 감시, 해킹, 위치 추적, 장치 압수 등 다양한 수단을 사용했다(U.S. Attorney's Office, New York, 2015). 이 과정에서 "실정법의 테두리 안에서 허용된 수준을 넘는 감시" 또는 "불충분한 영장 기반 압수" 등이 문제로 지적되며, 정부 기관의 감시 권한과 시민의 프라이버시 권리 간 충돌이라는 윤리적 논쟁이 발생했다.

수사기관 내부의 부패

실크로드 수사 과정에서 수사담당자였던 마약단속국 요원 칼 포스(Carl Force)와 비밀경찰 숀 브리지스(Sean Bridges)는 수사 도중 비트코인을 횡령하고, 수사 정보를 울브리히트에게 유출하거나 협박하는 등 중대한 부패 행위를 저질렀다. 이들은 공권력을 사적으로 이용해 사익을 취했고, 결국 연방법 위반 혐의로 유죄 판결을 받았다(U.S. Department of Justice, 2015).

이 사건은 수사기관도 예외 없이 윤리적 책임과 제도적 감시의 대상이 되어야 하며, 디지털 수사의 투명성과 정당성 확보가 필요하다는 점을 분명히 보여 준다.

사이버 수사의 정당성 확보를 위한 기준

디지털 환경에서의 수사는 고도의 기술이 요구될 뿐만 아니라 높은 수준의 윤리성과 법적 정당성을 동반한다. 수사 권한의 남용은 공공의 신뢰를 저하시킬 뿐만 아니라 수사 결과의 정당성 자체를 훼손할 수 있다.

수사기관은 영장주의, 증거 수집 절차의 투명성, 피의

자 권리 보호와 같은 원칙을 철저히 준수해야 하며, 디지털 수사에서도 윤리적 규율과 사후 감시 체계가 필수적이다.

실크로드 사건은 수사기관이 디지털 범죄에 맞서 싸우는 과정에서도 법과 윤리의 균형을 어떻게 유지해야 하는지 보여 주는 대표적 사례다. 기술을 수단 삼은 범죄에 대응할 때일수록 수사기관은 더욱 높은 윤리 기준과 공적 책임을 가지고 임해야 한다.

사이버 보안 윤리의 시험대: 실크로드 사건의 함의

다크웹 실크로드 사건은 사이버 공간에서의 익명성과 탈중앙화 기술이 어떻게 불법 활동에 악용될 수 있는지를 보여 주는 대표적인 사례다. 이 사건에서는 마약, 무기, 위조문서 등의 불법 거래가 비트코인과 토르 네트워크를 통해 은밀히 이루어졌으며, 이는 기존의 법 집행 방식으로는 추적이 어려운 복잡한 사이버 범죄의 양상을 드러냈다.

한편 수사기관은 이 사건을 추적하고 단속하는 과정에서 디지털 잠입 수사, 온라인 함정 수사, 개인정보 수집 등 다양한 기법을 사용했다. 그러나 이러한 수사 방식은 사이버 보안 윤리의 핵심 가치인 프라이버시 보호, 투명성, 책임성, 권한의 정당한 사용 등의 원칙과 충돌할 수 있다. 예컨대 사용자 정보를 확보하기 위해 무차별적인 감시를 수행하거나, 정당한 법적 절차 없이 시스템에 접근하는 행위는 윤리적 · 법적 논란을 불러일으킬 수 있다.

사이버 보안 윤리의 관점에서 불법 플랫폼을 해체하는 과정에서도 수단의 정당성은 반드시 확보되어야 하며, 목적이 정당하더라도 수단이 비윤리적이면 전체적인 신뢰를 해칠 수 있다는 점을 인식해야 한다. 따라서 기술적 역량뿐만 아니라 윤리적 판단 능력과 사회적 책임 의식이 동반된 수사와 대응이 요구된다. 실크로드 사건은 단순한 사이버 범죄 사례를 넘어 사이버 공간에서의 법 집행과 윤리 사이의 균형이 얼마나 중요한지 일깨워 주는 교훈적 사례다.

참고문헌

문기업 외(2023). "보건의료영역 인공지능 윤리 원칙과 고려사항". ≪한국의료윤리학회지≫, 26(2), 103-131쪽.

삼일PwC경영연구원(2023). "책임 있는 AI". ≪PwC Korea Insight Flash≫.

Association for Computing Machinery(2018). ACM Code of

Ethics and Professional Conduct.
https://www.acm.org/code-of-ethics
Buolamwini, J.(2023.12.13). Unmasking the bias in facial recognition algorithms. MIT Management Sloan School. https://mitsloan.mit.edu/ideas-made-to-matter/unmasking-bias-facial-recognition-algorithms
ISC2(2025). ISC2 Code of Ethics.
https://www.isc2.org/ethics
U.S. Attorney's Office, New York(2015.2.5). Ross Ulbricht, the Creator and Owner of the Silk Road Website, Found Guilty in Manhattan Federal Court on All Counts.
https://www.fbi.gov/contact-us/field-offices/newyork/news/press-releases/ross-ulbricht-the-creator-and-owner-of-the-silk-road-website-found-guilty-in-manhattan-federal-court-on-all-counts
U.S. Department of Justice(2015.3.30). Former Federal Agents Charged With Bitcoin Money Laundering and Wire Fraud. U.S. Department of Justice Archives.
https://www.justice.gov/archives/opa/pr/former-federal-agents-charged-bitcoin-money-laundering-and-wire-fraud

이승은

미국 매사추세츠대학교(University of Massachusetts Lowell) 범죄학 및 사법학부(School of Criminology and Justice Studies) 부교수이자 Center for Asian American Studies의 공동소장이다. 싱가포르국립대학교에서 사회학 박사학위를 받았다. 인하대학교 중국학과 조교수를 지냈다. 주요 연구 분야는 사이버 보안·안보·범죄, 사이버 보안 및 AI 교육, 소셜 미디어, 온라인 혐오 등이다. 단독 저서로는 *Soft Power Made in China: Transnational Audiences and the Dilemmas of Online and Offline Media*(2018), 공동 편저로는 *Routledge International Handbook of Online Deviance*(2024)가 있다. 주요 연구로는 “Cyber victimization in hybrid space: An analysis of employment scams using natural language processing and machine learning models”(2025), “Typology of cybercrime victimization in Europe: A multilevel latent class analysis”(2024), “Visual CryptoED: A role-playing and Visualization tool for K-12 cryptography education”(2024), “In the name of Dark Web justice: A crime script analysis of hacking services and the underground justice system”(2023) 등이 있으며, 약 70여 편의 논문을 SSCI, SCOPUS, KCI 등 학술지에 게재했다.